国家智库报告 2016（2）
National Think Tank

经　济

探底反弹进程中的中国宏观经济(2015—2016)

刘元春　闫　衍　刘晓光　著

CHINESE ECONOMY BOTTOMING AND REBOUNDING
(2015—2016)

中国社会科学出版社

图书在版编目(CIP)数据

探底反弹进程中的中国宏观经济：2015～2016/刘元春，闫衍，刘晓光著. —北京：中国社会科学出版社，2016.1
（国家智库报告）
ISBN 978-7-5161-7507-1

Ⅰ.①探… Ⅱ.①刘…②闫…③刘… Ⅲ.①中国经济—宏观经济—研究—2015～2016 Ⅳ.①F123.16

中国版本图书馆 CIP 数据核字（2016）第 012102 号

出 版 人	赵剑英
责任编辑	喻　苗
特约编辑	王　称
责任校对	王佳玉
责任印制	李寡寡

出　　版	中国社会科学出版社
社　　址	北京鼓楼西大街甲 158 号
邮　　编	100720
网　　址	http://www.csspw.cn
发 行 部	010-84083685
门 市 部	010-84029450
经　　销	新华书店及其他书店

印刷装订	北京君升印刷有限公司
版　　次	2016 年 1 月第 1 版
印　　次	2016 年 1 月第 1 次印刷

开　　本	787×1092　1/16
印　　张	7.25
插　　页	2
字　　数	101 千字
定　　价	28.00 元

凡购买中国社会科学出版社图书，如有质量问题请与本社营销中心联系调换
电话：010-84083683
版权所有　侵权必究

摘要：2015年是中国宏观经济新常态步入新阶段的一年，是全面步入其艰难期的一年，也是中国宏观经济结构分化、微观变异、动荡加剧的一年。GDP增速的"破7"，非金融性行业增速的"破6"，工业主营业务收入的"零增长"，GDP平减指数、企业利润和政府性收入的"负增长"，"衰退式顺差"的快速增长以及"衰退式泡沫"的此起彼伏，都标志着中国宏观经济于2015年步入深度下滑期和风险集中释放期。随着第二季度中国"稳增长"政策的全面加码，中国宏观经济将于第四季度短期趋稳。但是，由于"通缩—债务效应"不断发酵，宏观经济内生性收缩力量不断强化、去产能与去库存不断持续、基层财政困难陆续显化、部分行业和企业盈亏点逆转，以及"微刺激"效果递减等因素，"稳增长"政策难以从根本上改变本轮"不对称W形"周期调整的路径。2015年第三、第四季度不是本轮"不对称W形"周期的第二个底部。

2016年是中国经济持续探底的一年。在世界经济周期和中国房地产周期、债务周期、库存周期、新产业培育周期、政治经济周期以及宏观经济政策再定位等因素的作用下，中国宏观经济将在2016年出现深度下滑，本轮周期的第二个底部在第三、第四季度开始出现。但是，世界经济是否将在2016年出现二次探底？房地产投资是否会在2016年第二季度成功反转？中国的债务重组是否能够缓解企业的债务压力？中国存量调整是否能够大规模启动？增量扩展是否足以弥补不平衡逆转和传统存量调整带来的缺口？宏观经济政策的再定位是否有效改变微观主体的悲观预期，并有效化解"通缩—债务效应"的全面显化？新一轮大改革和大调整的激励相容的动力机制是否得到有效的构建？这些问题具有一定的不确定性，并将共同决定着本轮中国经济下行的底部以及底部下行的深度和持续的长度。2016年不仅要面对探底的不确定性，同时还将面临两大类风险：一是微观主体行为整体性变异带来的宏观经济内生性加速下滑的风险；二是各种"衰退式泡沫"带来的各种冲击和系统性风险。因此，我们必须对于改革动力体系的构建、房地产市场的复苏、世界经济的变异以及经济探底进程中的宏观经济政策再定位四大问题进行高度关注。

值得注意的是，本轮经济探底与以往下行期和其他新兴经济体的萧条期有本质性的区别。这就是，中国宏观经济出现了大量的新产业、新业态和新动力，在低迷中有繁荣，在疲软中有新气象，在旧动力衰竭中有新动力，在不断探底的进程中开始铸造下一轮中高速增长的基础。经过2015—2016年全面培育新的增长源和新的动力机制，中国宏观经济预计将在2017年后期出现稳定的反弹，并逐步步入中高速的稳态增长轨道之中。

根据模型预测，2015年中国宏观经济GDP增速为6.9%，CPI为1.4%。2016年GDP增速为6.6%，CPI为1.3%，其中个别季度GDP增速可能跌破6.5%。

中国宏观经济的持续探底决定了2016年必须对宏观经济政策进行再定位。一是要从全球不平衡逆转和全球危机传递的角度来认识需求管理政策与供给侧政策的作用，明确供给侧管理和改革在增量调整和存量调整中的主导作用；二是2016年供给侧政策必须在增量调整的基础上全面强化存量调整的力度，盘活存量、清除宏观经济运行的各种毒瘤是中国经济转型和复苏的关键；三是需求政策一方面需要配合供给侧调整采取积极的应对，另一方面也要在下行压力突破底线之前采取更宽松的定位，经济探底进程中的宏观经济定位要打破惯常思维；四是在将财政赤字率提高到3%的基础上，积极财政要向定向宽松的方向调整；五是探底进程中的货币政策应当有适度宽松的导向；六是必须抓住2016年触底的时机，寻找大改革的突破口，并以该突破口为出发点，重新梳理大改革的实施路径和操作模式。构建新的激励相容的改革动力机制是2016—2017年调整的关键。

主题词： 探底　宏观经济政策　再定位

Abstract: Chinese economy continued slowing down in 2015, and the growth will be moderating in 2016. In the shadow of the global business cycle, China's real estate cycle, debt cycle, inventory cycle, new industrial breeding cycle and political cycle, Chinese economy will face severe headwinds in 2016. Meanwhile, a lot of new industries and new growth engines have been fostered in Chinese economy, making it a mixture of stagnancy and flourish. The basis of next round rapid growth is being built in the process of deepening adjustment. In the face of two main kinds of economic risks in 2016, high attention must be paid to the following issues: the reshape of the incentive system, the recovery of the real estate market, the evolvement of the world economy, and the re-orientation of the macro economic policy. The bottom of Chinese economy is expected to appear in the second half in 2016, and a steady rebound to be in late 2017, returning to the rapid growth track.

Key Words: Bottom and Rebound　Macroe conomic Policy　Policy Re-orientation

目　录

第一章　总论与预测 ……………………………………………（1）
　　一　2015年经济运行回顾 ………………………………………（1）
　　二　2016年经济走势展望 ………………………………………（3）
　　三　2015—2016年宏观经济指标预测 …………………………（5）

第二章　开启新常态攻坚期的2015年 ……………………………（10）
　　一　经济增长持续回落 …………………………………………（11）
　　二　通货紧缩全面显化 …………………………………………（23）
　　三　景气指数持续低迷 …………………………………………（27）
　　四　经济结构深度分化 …………………………………………（31）
　　五　股市泡沫破灭冲击 …………………………………………（38）
　　六　宏调政策捉襟见肘 …………………………………………（43）

第三章　探底过程中的2016年 ……………………………………（51）
　　一　探底的基本逻辑与预测 ……………………………………（51）
　　二　2016年面临的两大类风险 …………………………………（62）
　　三　2016年四个重点关注的问题 ………………………………（78）

第四章　主要结论与政策建议 ……………………………………（95）
　　一　回顾与展望 …………………………………………………（95）
　　二　宏观经济政策再定位 ………………………………………（96）

第一章

总论与预测

一 2015年经济运行回顾

2015年是中国宏观经济新常态步入新阶段的一年，是全面步入其艰难期的一年，也是中国宏观经济结构分化、微观变异、动荡加剧的一年。与以往年份不同的是：

1. 在出口下滑和投资增速持续回落的作用下，中国经济增长出现超预期下滑，各类指标创近20年来的新低。GDP增速"破7"、非金融性行业增速"破6"、现价工业增加值和主营业务收入"零增长"、企业利润以及政府性收入"负增长"都标志着中国宏观经济于2015年步入深度下滑期。

2. 在输入性通缩、有效需求不足以及产能过剩等因素的作用下，GDP平减指数步入"负增长区间"。这标志着中国经济下滑的核心因素开始由长期趋势性因素转向中短期周期性因素，有效需求不足的问题以及通货紧缩的全面显化逐步成为宏观调控的核心问题，持续的工业萧条开始向服务领域和消费领域扩展，宏观景气开始承受全面回落的压力。

3. 出口小幅度负增长、进口大幅度负增长以及由此带来的"衰退式顺差"的快速增长，不仅标志着中国宏观经济存在过剩的储蓄，同时也表明内需回落速度要远大于外需回落的速度，全球不平衡逆转所引发的中国结构性调整压力以及内部不平衡引发的扭曲已经成为中国经济下滑的主导因素，结构性再平衡应当成为治理总量失衡的核心任务之一。

4. 在收益下滑、预期回落和价格下降等因素的作用下，资金运转速度出现下滑，社会融资和银行贷款出现内生性收缩，资金链条出现变异。在流动性向实体经济渗透能力大幅度下滑的同时，"衰退性泡沫"持续出现——2014年年底到2015年第二季度的股市大涨、2015年4月以来一线城市房价的飙升以及第二季度以来债市的繁荣——表明中国流动性困局已经出现。

5. 利用股权融资以及地方债等手段来实施去杠杆、降债务的阻力重重，"天威债违约""6·15股灾""8·11汇率恐慌"以及"中钢债违约"不仅说明中国金融风险上升到新的高度，同时也表明中国结构性调整需要精确制导，货币政策和金融政策在现有的利益格局和监管体系下不仅不能达到既定的目标，反而成为新的风险源和风险触发器。

6. 稳增长的各类举措已步入"效果加速递减阶段"，各类政策在地方政府懒政庸政、部门利益冲突、政商关系重构、动力激励体系转换等因素的作用下难以发挥应有的效果，宏观经济政策面临全面失灵的风险。积极的财政政策不积极、稳健的货币政策不稳健、扩张的产业政策难以到位以及精英阶层的懈怠是当前经济下滑的核心根源。

7. 在各类宏观指标恶化的同时，企业微观指标出现变异，中国宏观经济正处于微观行为模式整体性变异的边缘。

从企业角度来看，"通缩—债务效应"开始显化。一方面生产价格水平的持续回落大大降低了经济主体的盈利能力；另一方面持续高涨的债务导致企业债务成本加速上涨，中国生产主体已经从"借新还旧"开始全面进入"借新还息"的阶段，部分企业步入"盈亏"与"倒闭"的临界点。这直接导致资金全面收缩、投资下降、去库存加速以及预期低迷等内生性收缩全面显化。

从政府角度来看，在税收疲软和土地出让金大幅度下滑的作用下，政府收入增速回落明显，局部区域政府运转困难现象开始显现，庸政懒政现象常态化，各级政府行为模式正处于新旧动力机制转换的空档期。

从居民角度来看，收入分配政策的加速和维稳政策的加码保证了居民收入增速暂时没有随着GDP增速的回落而下滑，但宏观景气的持续下滑和资产价格的异常波动直接导致收入预期和消费信心的回落，居民持续繁荣的消费局面也面临下行的压力。

8. 值得高度重视的是，中国经济本轮深度回落的经济低迷期与以往经济深度下行期和其他新兴经济体经济疲软有本质的不同——中国经济在总体低迷中出现了深度的分化，转型成功省市的繁荣与转型停滞省份的低迷、生产领域的萧条与消费领域的繁荣、传统制造业的困顿与新型产业的崛起、劳动密集型产业的低迷与创新领域的活跃同时并存。这不仅标志着中国经济结构深度调整的关键期、风险全面释放的窗口期以及经济增速触底的关键期已经到来，同时也意味着中国经济在疲软中开始孕育新的生机，在艰难期之中曙光已现，在不断探底的进程中开始铸造下一轮中高速增长的基础。

9. 持续的稳增长政策在第四季度开始有所收效，多项宏观经济指标有趋稳的迹象，但由于外部环境的持续低迷、内部增长动力的弱化以及各类周期性力量和趋势性力量还没有探底，2015年三、四季度不是本轮经济运行的底部。

二 2016年经济走势展望

2016年是中国经济持续探底的一年。一方面很多宏观经济指标将出现进一步的回落；另一方面很多微观指标可能会出现全面的变异，使经济探底的深度和持续的时间出现超预期的变化。

必须明确的是，本轮中国经济的底部是多种周期性力量合力的产物。世界经济是否将在2016年出现二次探底？房地产投资是否会在2016年第二季度成功反转？中国的债务重组是否能够缓解企业的债务压力？中国存量调整是否能够大规模启动？增量扩张是否足以弥补不平衡逆转和传统存量调整带来的缺口？宏观经济政策的再定位是否能有效改变微观主体的悲观预期，并有效化解"通缩—债务效应"的全面显化？新一轮大改革和大调整的激励相容的动力机制是否得到有效的构建？这些因素将一起决定本轮中国经济下行的底部以及底部下行的深度和持续的长度。

1. 2016年世界经济难以摆脱2015年的低迷状态。第一，美国货币政策的常态化、中国进口需求的进一步回落、国际大宗商品的持续下滑以及全球制造业前期错配带来的深层次问题的显化，都决定了2016年新兴经济体的动荡将超越以往新兴经济体所面临的各类波动。第二，各类地缘政治的超预期冲击可能导致欧洲经济复苏的夭折。第三，全球投资收缩和贸易收缩并没有结束，世界宏观经济不仅缺乏统一的宏观经济政策协调，更缺乏经济反弹的增长基础和中期繁荣的基本面支撑。第四，世界危机的传递规律决定了本轮危机从金融到实体、从中心到外围的传递并没有结束，新兴经济体的资产负债表调整刚刚开始。因此，世界经济不仅面临总体性的持续低迷，同时还存在"二次探底"的可能。这决定了中国不仅将面临世界贸易收缩带来的持续冲击，同时还面临全球资本异动带来的冲击。中国经济难以在世界经济探底之前成功实现周期逆转。

2. 中国的存量调整尚未实质性地展开，产能过剩行业的过剩产能没有全面退出，作为资金黑洞的各类"僵尸企业"依然普遍存在，高负债的国有企业在滚雪球效应的作用下依然是各类资金投放的焦点……因此，2016年全面启动的供给侧存量调整政策将决定存量运行的底部和反弹的时点。存量经济的底部不现，总体经济的底部就不会到来。

3. 过高的库存和过度的区域分化导致中国房地产周期调整比以往要漫长，并存在复苏夭折的风险，2016年房地产全面复苏的预期具有强烈的不确定性，但即将出台的存量房地产库存政策将大幅度降低这种不确定性，并提前实现房地产投资增速逆转。房地产投资增速不逆转就难以实现短期的经济企稳。

4. 增量调整在近几年持续地开展取得了明显的成效，但新产业、新业态和新动力的培育需要较长的周期，难以在近期完全填补传统力量转型的缺口。2016年持续加码的增量调整，一方面面临政府财政支出的约束，另一方面也面临过度扶持带来的泡沫化风险。

5. 债务周期是决定本轮中国经济周期的最直接力量。2015年6—7月的大股灾加速了中国债务率的上扬，2016年中国IPO的全面重启、地方债务的加速置换以及不良资产的剥离和处置将直接决定中国债务周期运行的状况。债务困局不打破，吸金黑洞不消除，中国宏观经济中高速的良性运行机制就难以出现。

6. 新一轮大改革与大调整的激励相容的动力机制的缺乏是经济持续回落的深层次核心原因。2016年大改革与大调整的再定位是否能够构建出新一轮激励相容的动力机制是中国宏观经济能够实现触底反弹的关键。

三 2015—2016年宏观经济指标预测

根据上述的一些定性判断，利用中国人民大学中国宏观经济分析与预测模型——CMAFM模型，设定主要宏观经济政策假设：（1）2015年与2016年财政预算实际赤字分别为16000亿元与21000亿元；（2）2015年与2016年人民币与美元平均兑换率分别为6.21:1与6.50:1。分年度预测2015年与2016年中国宏观经济形势，其预测结果如表1-1所示。

表1-1　　　　　2015年与2016年宏观经济指标预测

预测指标	2014	2015（1—9月）	2015（预测）	2016（预测）
1. 国内生产总值增长率（%）	7.3	6.9	6.9	6.6
第一产业增加值	4.1	3.8	4.0	4.0
第二产业增加值	7.3	6.0	5.9	5.4
第三产业增加值	7.8	8.4	8.2	8.0
2. 全社会固定资产投资总额（亿元）	502005	394531	552206	605218
增长率（%）	15.7	10.3	10.0	9.6
社会消费品零售总额（亿元）	262394	216080	290208	320099
增长率（%）	12.0	10.5	10.6	10.3
3. 出口（亿元）	143912	102365	142041	145030
增长率（%）	4.9	-1.8	-1.3	2.1
进口（亿元）	120423	76334	105972	107138
增长率（%）	-0.6	-15.1	-12.0	1.1
4. 广义货币供应（M2）增长率（%）	12.2	13.1	13.3	13.0
全社会融资总额（亿元）	164600	119400	151926	162561
5. 居民消费价格指数上涨率（%）	2.1	1.4	1.4	1.3
GDP平减指数上涨率（%）	0.8	-0.3	-0.5	-0.1
6. 全国政府性收入（亿元）	194443	141578	190244	194237
增长率（%）	7.2	-2.6	-2.2	2.1
全国一般公共预算收入（亿元）	140350	114412	151297	161132
全国政府性基金收入（亿元）	54093	27166	38947	33105

1. 2015年下半年在各类"稳增长"政策的作用下改变上半年宏观经济快速下滑的趋势，于第四季度逐步趋稳。但由于外需持续疲软以及政策刺激效应的弱化，经济趋稳的基础并不扎实，宏观经济总体状况依然疲软。预计全年GDP实际增速的为6.9%，较2014年下滑0.4个百分点，基本完成了政府预定的经济增长目标。但由于GDP平减指数为-0.5%，名义GDP增速仅

为6.4%，名义工业增加值增速仅为0.2%，较2014年分别下滑了1.8个百分点和4.7个百分点。整体经济的困难度比实际增速所显示的更大。

2. 从供给角度来看，在工业萧条的持续冲击下，第二产业回落幅度进一步加大，第三产业逆势上扬，增长较为强劲。预计2015年第二产业增加值增速为5.9%，较2014年下降了1.4个百分点；第三产业增速为8.2%，比2014年上升了0.4个百分点；第一产业在各类农业政策的作用下保持相对稳定，增加值增速为4.0%。值得注意的是：第一，2015年第二产业现价增加值增速（或名义增速）仅为0.6%，工业主营收入和利润都步入"负增长时期"；第二，第三产业实际增速提升的核心作用在于金融业的快速增长，剔除金融业之后的服务业增速仅为6.7%，剔除金融的GDP实际增速仅为6%，剔除金融的GDP名义增速仅为5.5%。

3. 从总需求角度来看，三大需求都呈现疲软的态势，其中投资和出口增速的回落较为明显。一是全社会固定资产投资在制造业和房地产投资疲软的作用下增速持续回落，全年估计仅为10%，较2014年下滑了5.7个百分点。二是在全球贸易收缩和国内投资下滑的作用下，出口和进口增速都出现大幅度下滑，估计2015年出口增速为-1.3%，进口增速为-12.0%。这种不对称的下滑导致2015年全年的贸易顺差为36069亿人民币（5808亿美元），比2014年增长了53.6%，占GDP的比重从2014年的3.7%上升到2015年的5.3%。这种衰退式顺差的扩大表明中国内部不平衡问题进一步恶化。三是消费保持相对稳定，估计2015年全社会零售销售总额同比增长10.6%，与2014年相比，名义增速回落了1.4个百分点，但剔除价格因素的实际增速仅回落了0.8个百分点。

4. 在供求失衡与输入性通缩等多重因素的作用下，2015年价格水平回落明显。预计全年CPI增速为1.4%，较2014年下滑了 0.6 个百分点，远低于 3.0% 的政策目标。值得关注的是：（1）2015 年 GDP 平减指数为负，全年同比增速为 -0.5%，较 2014 年回落了 1.3 个百分点；（2）工业领域的通货紧缩进一步恶化并存在蔓延的趋势，2015 年全年 PPI 为 -5.2%，比 2014 年下滑了 3.3 个百分点；（3）服务价格和核心 CPI 略有回落，分别较 2014 年回落了 0.5 个和 0.1 个百分点。

5. 稳健货币政策进一步持续，但受到资金内生性收缩的压力，货币供应量与全社会融资增速之间的差额大幅度扩大，流动性向实体经济的渗透力进一步下滑。预计 M2 增速保持在 13.3%，社会融资总额为 151926 亿元人民币，增速为 -7.7%，"宽货币、紧融资"的局面进一步恶化。

6. 在房地产萧条、工业萧条以及进出口大幅度下滑的作用下，中国政府收入 2015 年预计出现 -2.2% 的增长，财政压力全面上扬。

2016 年将是中国宏观经济持续探底的第一年，也是近期最艰难的一年。各类宏观经济指标将进一步回落，微观运行机制将出现进一步变异。这将给中国进行实质性的存量调整、全面的供给侧改革以及更大幅度的需求性扩展带来契机，从而为 2017 年经济周期的逆转，为中高速经济增长的常态化打下基础。

1. 预计 2016 年 GDP 实际增速约为 6.6%，比 2015 年进一步下滑 0.3 个百分点，但由于 GDP 平减指数仅为 -0.1%，2016 年 GDP 名义增速为 6.5%，较 2015 年回升了 0.1 个百分点。其中第一产业增速基本持平；第二产业增速为 5.4%，较 2015 年进一步回落 0.5 个百分点；第三产业小幅回落，增速为 8.0%。

2. 2016 年固定资产投资持续回落，增速估计为 9.6%，但考虑价格效应，实际增速与 2015 年基本持平。

3. 2016 年消费依然平稳，增速估计为 10.3%，较 2015 年略有下滑。

4. 随着世界经济危机的传递，新兴经济体动荡的加剧，欧洲和日本经济复苏的乏力，2016年中国外部环境持续低迷，但由于基数因素，全年贸易增速将出现反弹。预计2016年出口增速为2.1%，进口增速为1.1%。贸易顺差为37892亿人民币（5829亿美元），较2015年增长5.1%。

5. 随着全球需求的低迷、超级大宗商品周期的持续以及各种地缘政治的影响，输入性通缩的压力依然存在，叠加内部需求的下滑，将使2016年价格水平保持较为低迷的状态。预计CPI为1.3%，PPI负增长明显收窄，GDP平减指数为-0.1%。

6. 经济下行带来的财政问题进一步恶化，预计2016年在基金收入持续恶化的作用下，政府性收入同比仅能增长2.1%。

第二章

开启新常态攻坚期的 2015 年

2015 年中国宏观经济步入"新常态"的攻坚期。在趋势性和周期性因素的叠加作用下，各类宏观经济指标出现超预期的变化，各类风险大幅度上扬；与此同时，结构性调整进一步深化，低迷中存在繁荣，转型中孕育着新的生机和动力，回落中也开始出现局部稳定的迹象。2015 年中国经济运行总体上呈现出以下六大基本特征。

表 2-1　　　　2014—2015 年中国宏观经济指标一览表

预测指标	2014 年	2015 年（累计）			
		1 季度	2 季度	3 季度	4 季度（E）
1. 国内生产总值增长率（%）	7.4	7.0	7.0	6.9	6.9*
第一产业增加值	4.1	3.2	3.5	3.8	4.0*
第二产业增加值	7.3	6.4	6.1	6.0	5.9*
工业	8.3	6.1	6.0	6.2	5.9*
第三产业增加值	8.1	7.9	8.4	8.4	8.2*
2. 全社会固定资产投资总额（亿元）	502005	77511	237132	394531	552206*
增长率（%）	15.7	13.5	11.4	10.3	10.0*
社会消费品零售总额（亿元）	262394	70715	141577	216080	290208*
增长率（%）	12.0	10.6	10.4	10.5	10.6*
3. 出口（亿元）	143912	31493	65722	102365	142041*

续表

预测指标	2014年	2015（累计）			
		1季度	2季度	3季度	4季度（E）
增长率（%）	4.9	4.9	0.9	-1.8	-1.3*
进口（亿元）	120423	23940	49594	76334	105972*
增长率（%）	-0.6	-17.3	-15.5	-15.1	-12.0*
贸易顺差（亿元）	23489	7553	16128	26031	36069*
占GDP比重（%）	3.7	5.1	5.1	5.3	5.3*
4. 广义货币供应（M2）增长率（%）	12.2	11.6	11.8	13.1	13.3*
全社会融资总额（亿元）	164600	46100	88100	119400	151926*
5. 居民消费价格指数上涨率（%）	2.0	1.2	1.3	1.4	1.4*
GDP平减指数上涨率（%）	0.8	-0.3	-0.1	-0.3	-0.5*
6. 全国政府收入（亿元）	194443	45126	96940	141578	190244*
增长率（%）	7.2	-6.2	-3.7	-2.6	-2.2*
全国一般公共预算收入（亿元）	140350	36407	79600	114412	151297*
增长率（%）	8.6	3.9	6.6	7.6	7.8*
增长率（%）		2.4**	4.7**	5.4**	5.4**
全国政府性基金收入（亿元）	54093	8719	17340	27166	38947*
增长率（%）	3.5	-33.3	-33.2	-30.5	-28.0*
增长率（%）		-30.4**	-29.5**	-26.4**	-24.0**

注：带*号为估算数。带**号为扣除部分政府性基金转列一般公共预算影响的同口径增长。

一 经济增长持续回落

2015年中国GDP增速持续下滑至6.9%，较2014年回落0.4个百分点，中国宏观经济步入快速下行期。考虑各种统计方法以及宏观指标结构性的因素，2015年的各类名义增速和局部指标回落的幅度远远大于GDP实际增速回落的幅度，各类经济主体对经济恶化的直观感受程度远远大于统计核算的GDP实际增速的恶化程度。

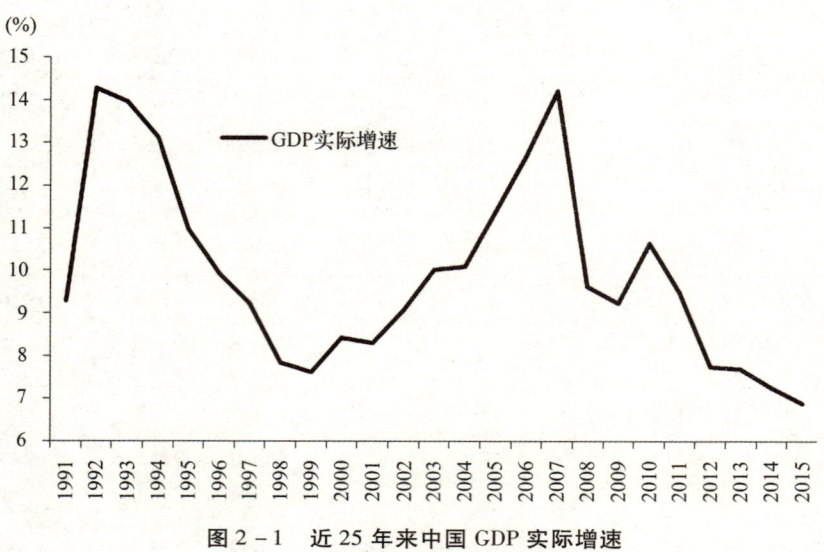

图 2-1 近 25 年来中国 GDP 实际增速

1. 2015 年 6.9% 的实际 GDP 增速创近 25 年来的新低。自 1991 年以来，中国经济年度 GDP 增速从未出现跌破 7% 的现象。与 1997—2001 年中国经济的低迷期比较可以发现，中国宏观经济在长期趋势性因素和周期性因素的叠加下已经出现深度回落，增速比 1997—2001 年周期的最低点还低 0.7 个百分点。

2. 在通货紧缩持续蔓延的作用下，名义 GDP 增速下滑幅度更大，为近 5 年来首次低于实际 GDP 增速。2015 年前三季度名义 GDP 增速仅为 6.6%，较 2014 年同期下滑了 1.8 个百分点，较 2014 年全年下滑了 1.5 个百分点。按照目前的预测，第四季度 GDP 平减指数会进一步下滑，这将导致名义 GDP 增速仅为 6.4%，比 2014 年下滑了 1.7 个百分点。这个名义 GDP 增速创近年来的新低，具有萧条性的色彩。

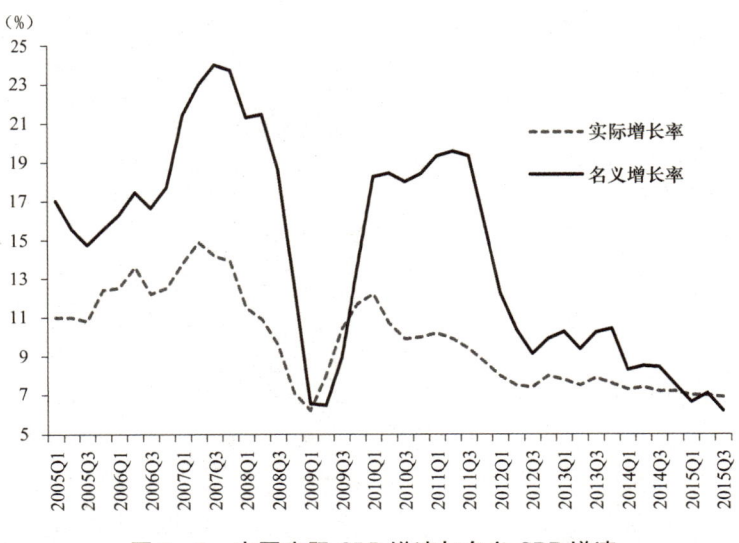

图 2-2 中国实际 GDP 增速与名义 GDP 增速

3. 考虑到 2015 年金融业在衰退式泡沫的支撑下出现超高速增长，剔除金融行业的中国经济增长速度下滑的幅度更大。其中剔除金融业的 GDP 实际增速仅为 5.4%，较 2014 年下降了 1.2 个百分点；剔除金融行业的 GDP 名义增速仅为 5.3%，较 2014 年下滑了 1.5 个百分点；剔除金融行业的第三产业实际增速仅为 6.9%，比 2014 年也下降了 0.2 个百分点。

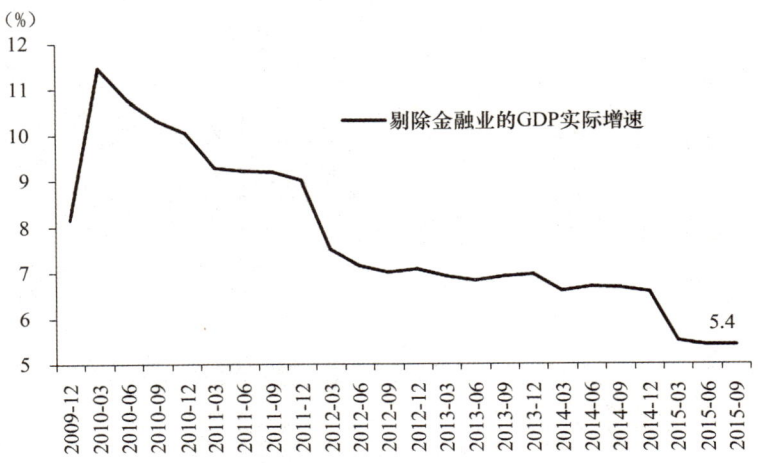

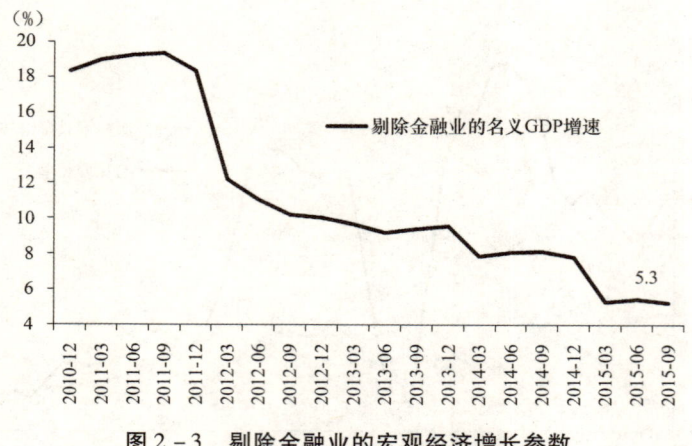

图2-3 剔除金融业的宏观经济增长参数

4. 从区域结构来看，全国6.9%的GDP增速意味着局部区域经济增长的塌陷，这集中体现在东北地区和部分区域出现塌方式的下滑。2015年前三季度辽宁、黑龙江、山西和河北的实际GDP增速分别为2.7%、5.5%、2.8%和6.5%，而名义GDP增速分别为0.2%、-2.2%、-1.2%和-2.0%。内蒙古和甘肃名义GDP增速也分别只有3.3%和4.5%。这些区域的经济深度下滑直接导致其各类指标全面变异，社会经济问题恶化。

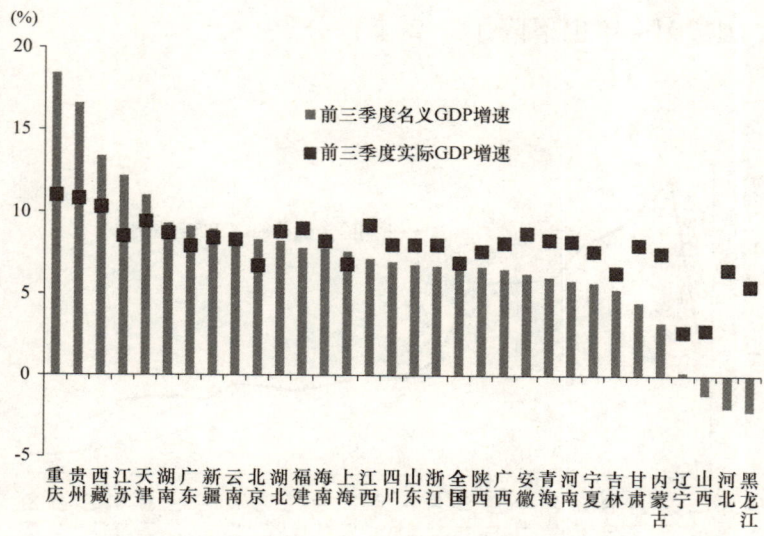

图2-4 部分省市GDP增速出现塌方式的下滑

5. 从产业结构来看，6.9%的GDP增速对应的是工业萧条的深度扩散。全年预计的工业增加值实际增速仅为5.9%，比2014年下滑了2.4个百分点，而工业增加值名义增速到2015年年底已经下滑到零增长，工业主营业务收入出现了负增长。

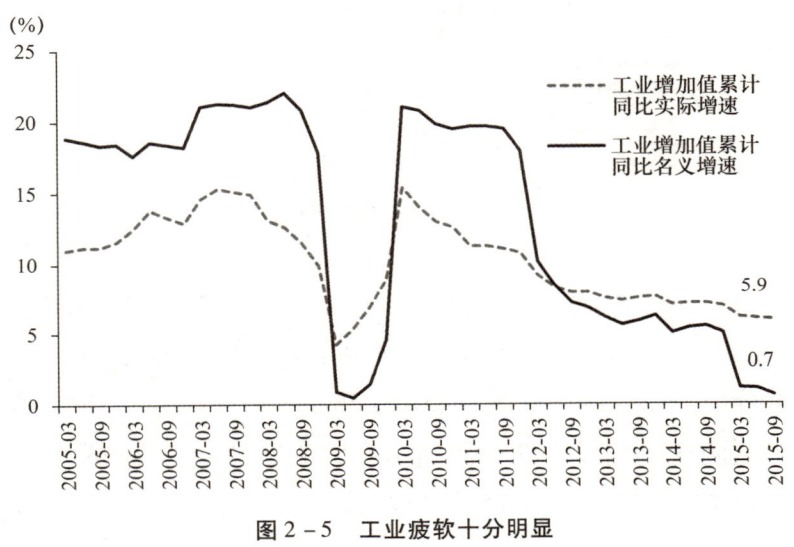

图2-5 工业疲软十分明显

6. 从需求结构来看，与6.9%的增速对应的是，出口和投资需求出现加速性回落的态势，有效需求不足的问题日益凸显。2015年固定资产投资累计增速为10.0%，比2014年回落了5.7个百分点。特别是制造业投资增速为8.3%，比2014年同期下滑了5.5个百分点，房地产投资增速为2.0%，比2014年同期下滑10.4个百分点。投资下滑成为当前经济下滑的核心因素。

2015年出口累计增速为-1.3%，比2014年同期下滑7.4个百分点，呈现增速持续回落的局面。但考虑到出口价格下降因素，出口数量同比增速下降幅度实际要略小一些。值得注意的是，反映国内需求状况的另一个参数——进口增速在2015年出现了十分强劲地下滑。全年进口累计增速为-15.0%，比2014年同期下滑了15.4个百分点。

16　国家智库报告

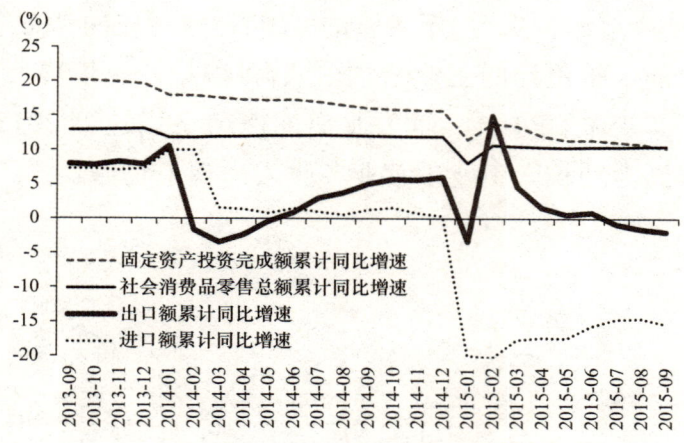

图2-6　三大需求都出现回落

7. 与6.9%的增长相对应的，中国企业绩效指标持续恶化，企业利润步入"负增长时期"。其中工业企业利润大幅度下降的表现十分突出。图2-7显示2015年1—9月规模以上工业企业利润总额同比下降2.1%，增速比2014年同期回落11.9个百分点，比2013年同期下滑15.5个百分点。其中国有企业的变化出

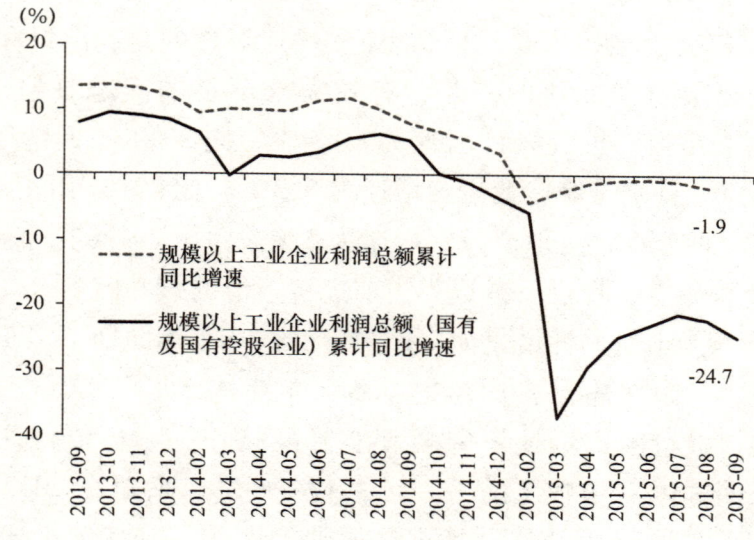

图2-7　工业企业利润增速回落

现断崖式的变化，2015年1—9月国有企业利润总额同比下滑24.7%，比2014年和2013年同期的增长速度分别回落了30.01个百分点和32.7个百分点。

与此同时，工业企业的亏损面有较大幅度扩散的趋势。2015年1—8月规模以上企业亏损单位数同比增长了13.6%，比2014年和2013年同期增速分别提高了10.5个百分点和11.6个百分点。相比而言，亏损企业的亏损总额提升的幅度更大，1—8月达到了22.8%，比2014年和2013年同期增速分别增加了12.9个百分点和31个百分点，而国有企业的变化更为剧烈，1—9月的亏损总额同比增长了34.7%，比2014年和2013年分别多增长24.5个百分点和51.7个百分点。

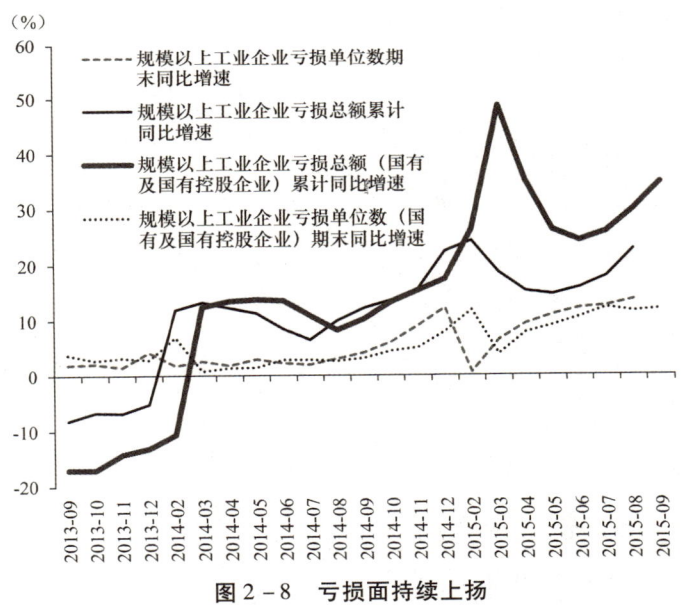

图2-8 亏损面持续上扬

在工业利润负增长的同时，银行业的利润增速也出现了明显的回落，1—9月增速仅为1%，比2014年同期下滑的幅度超过了8个百分点，预计到2015年第四季度银行业利润将出现负增长。

8. 政府收入出现负增长,局部区域和板块出现断崖式变化,部分地方政府财政运转困难。2015年1—10月全国公共财政收入累计增长7.7%,同口径增长5.4%,比2014年和2013年同期分别下滑了2.7个百分点和3.2个百分点。部分省市出现断崖式的回落,例如东北地区辽宁和黑龙江1—9月财政收入同比增速分别为-27.4%和-15.8%,比2014年同期增速均下滑了20多个百分点。又如山西1—9月财政收入同比增速为-11.4%,也比2014年同期增速下滑了16.8个百分点。这种急速回落完全超出2014年的预期,并使很多基层政府陷入收支困境之中。

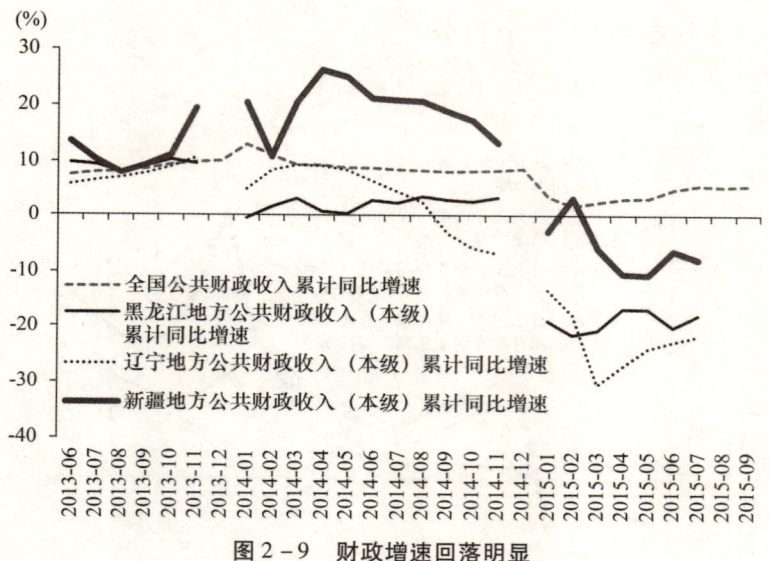

图2-9 财政增速回落明显

与此同时,地方政府另一项重要收入来源——土地出让金收入也在房地产市场调整中大幅度下降。1—9月全国房地产开发企业土地购置面积同比增长-33.8%,比2014年同期增速下滑了29.2个百分点,而土地成交价款同比增长-27.5%,比2014年同期增长39.0个百分点。这导致政府基金类收入前三个季度下滑了30.5%,同口径下滑了26.4%。

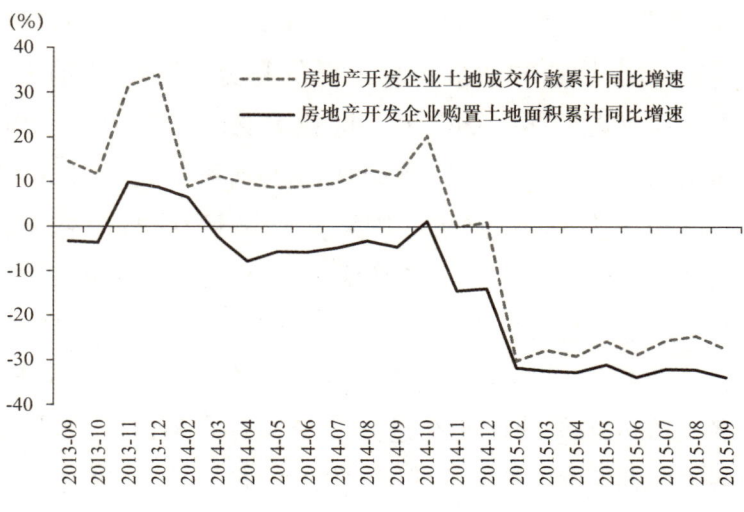

图 2-10 土地开发下降迅猛

按照目前的预测,2015 年全年一般公共预算收入将达到 15.1 万亿元,同比增长 7.8%,按照同口径测算为 5.4%;基金收入为 3.9 万亿元,同比增长 -28%;政府性总收入达到 19 万亿元,同比增长 -2.2%。中国政府收入困难期于 2015 年开启。

表 2-2   政府性收入变化及其组成

预测指标	2014 年	2015 年（累计）			
		1 季度	2 季度	3 季度	4 季度（E）
全国政府收入（亿元）	194443	45126	96940	141578	190244*
增长率（%）	7.2	-6.2	-3.7	-2.6	-2.2*
全国一般公共预算收入（亿元）	140350	36407	79600	114412	151297*
增长率（%）	8.6	3.9	6.6	7.6	7.8*
增长率（%）		2.4**	4.7**	5.4**	5.4**
全国政府性基金收入（亿元）	54093	8719	17340	27166	38947*
增长率（%）	3.5	-33.3	-33.2	-30.5	-28.0*
增长率（%）		-30.4**	-29.5**	-26.4**	-24.0**

注:带 * 号为估算数。带 ** 号为扣除部分政府性基金转列一般公共预算影响的同口径增长。

9. 居民收入虽然短期保持相对稳定，但从中期来看各类收入增速都随着GDP增速的回落呈现下滑的趋势。2015年前三季度全国居民人均可支配收入16367元，同比名义增长9.2%，扣除价格因素实际增长7.7%。其中，城镇居民人均可支配收入23512元，同比名义增长8.4%，扣除价格因素实际增长6.8%；农村居民人均可支配收入8297元，同比名义增长9.5%，扣除价格因素实际增长8.1%。与近期最高增速相比分别下降了6.5个百分点和3.6个百分点。值得注意的是，由于价格扣除的参数基础不同，名义GDP与名义收入水平的增速在近几个季度存在持续不同步的现象，即名义GDP都维持在6%左右，但名义居民收入却基本保持在9%—10%。这说明国民收入分配的确存在超分配现象，工资的增长速度比名义GDP增速要高，但这种状况难以在中期持续出现。

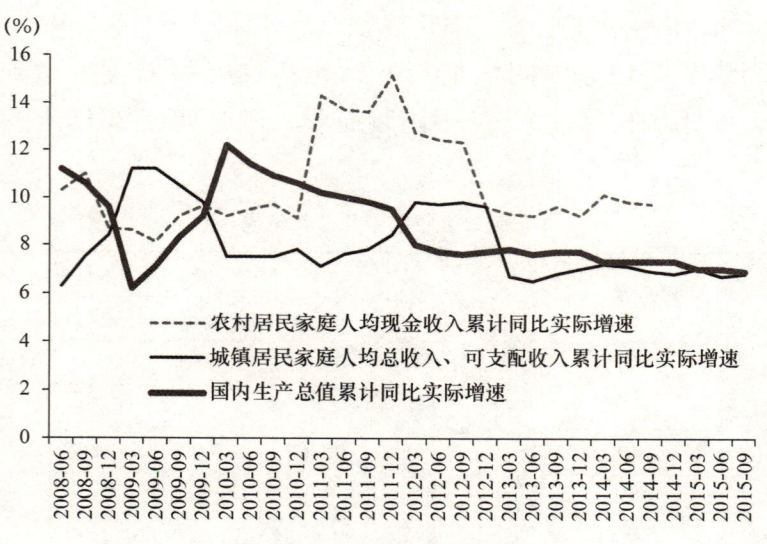

图2-11 居民收入增长跟随性回落

10. 与6.9%增速相对应的劳动力市场正发生变异，结构性失业与总体性失业的潜在风险正在凝聚并不断显性化。

由于服务业快速发展以及"大众创业、万众创新"战略的实施,从主要官方就业指标看,目前劳动力市场状况总体保持稳定。2014年全国城镇新增就业达到1360万人,2015年前三季度为1066万人,已经实现全年1000万新增就业岗位的目标。官方登记和调查失业率也大体稳定在4.1%和5.22%左右。因此,总体上看,劳动力市场状况似乎保持良好。

然而随着经济增速持续下滑,就业支撑因素正在逐渐消耗殆尽,劳动力市场的一些潜在风险已经开始显性化。

一是高频数据显示劳动力市场出现疲软态势。自去年以来,制造业和服务业采购经理人指数(PMI)的就业分项指数已先后降至50的荣枯线以下,表明就业收缩。

二是劳动力市场求人倍率指标虽然大于1,但是自2013年年中以来,劳动力市场需求人数和求职人数均呈持续下降趋势,说明劳动力市场萎缩。2015年第一季度,劳动力市场需求人数和求职人数分别比2014年同期大幅度下降16.6%和17.0%,第二季度需求人数和求职人数分别下降5.4%和2.7%,总体上比2014年降幅扩大。

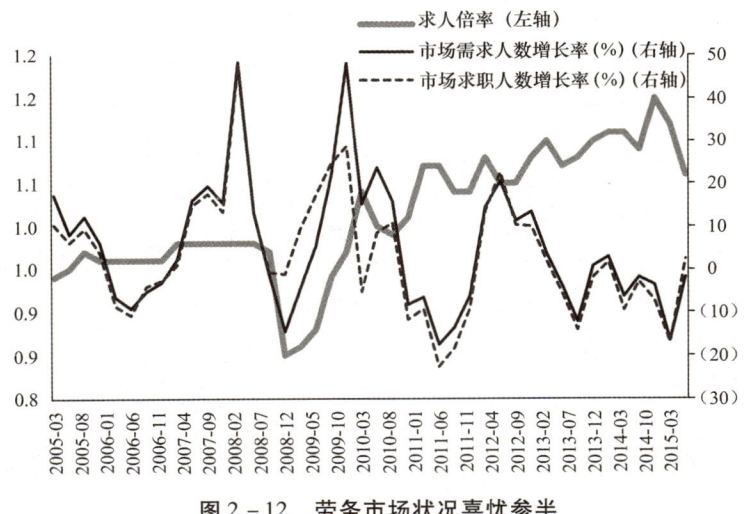

图2-12 劳务市场状况喜忧参半

三是第二产就业持续加速性下降。2013年以来城镇就业增长主要来自服务业的快速扩张，而二产就业却连续三年下降。2013年和2014年，二产就业均负增长0.3%，年均下降约70万人，相比2003—2012年出现年均增长约760万人扩张的趋势，这一转折性变化值得关注。2015年二产将连续第三年绝对排斥劳动力，释放出来的劳动力约为354万人，比前两年呈加速排斥的态势。其中，建筑业就业扩张缓慢，比上年仅增加119万人；工业部门继续释放劳动力，就业比上年减少473万人。

四是服务业出现就业扩张动能衰减的迹象，特别是就业占比最大的消费型服务业就业扩张力度大幅度收窄。虽然三产仍在大量地吸纳劳动力，2015年就业人数比上年增加约1727万人，但增幅已近停滞。其中，房地产业就业人数比上年小幅增加55万；生产型服务业增加545万，增幅略微扩大；消费型服务业比上年增加911万，增幅已大幅度收窄，这是造成第三产业就业扩张动能衰减的主要因素。

五是城镇就业增长放缓。城镇净增就业人数从2010年的1370万人下降到2014年的1070万人。2015年前三季度，城镇新增就业为1066万人，也比2014年下降约1.5%。就业压力加大的另一个表现是工资增长放缓。

六是农民工转移急剧放缓。2010—2012年农民工总量年均增长1094万人，2013年下降到633万人，2014年进一步下降到501万人。现有数据显示，截至2015年第二季度末，农村外出务工劳动力总量为17436万人，同比仅增长0.1%，农民工外出转移几乎停滞。这说明我国经济增速放缓对劳动力市场的影响，目前主要反映在农业劳动力转移的急剧放缓上，下一步将会反映为失业率的上升。

七是随着经济增速持续下滑，产能过剩行业和一些传统制造业经营困难加剧，处于破产倒闭边缘。因而劳动力市场困境，正在从新增就业不足的问题，转化为失业上升的问题。随着一些企业步入重组与破产的浪潮，以往面临的重工业企业下岗和国有企业下岗问题已经开始浮现。例如，很多钢铁、煤炭企业已经处于停产状态，隐性失业较为严重。2015年上半年以来，许多大型纺织服装类企业也频频出现倒闭现象，包括一些知名纺织服装企业，均因经营困难于第二季度以来破产倒闭，造成大面积失业。

八是我国劳动力市场还存在一些结构性问题。例如高校毕业生就业难问题。我国高校毕业生人数已从2001年的114万人，快速增长到2015年的749万人，占城镇新增就业目标的七成，就业压力不断加大。如果不能妥善解决高校毕业生就业问题，不仅带来人力资本的折旧和浪费，还很可能引发一系列社会问题。此外，在"互联网+"等新的商业模式的冲击下，创业催生了大量的自我雇佣型的就业岗位，但也摧毁了很多传统岗位，现在正处于创造性毁灭的阵痛期。

二 通货紧缩全面显化

在总需求不足、内生性紧缩以及国际大宗商品价格下滑等因素的作用下，工业领域的通货紧缩问题向深层次迈进，消费价格指数进入"1时代"，GDP平减指数全面为负，通货紧缩压力加大。

1. 层层递进的价格参数不断下滑，表明本轮通货紧缩形势日益严峻，并处于快速蔓延的状态之中。这表现在以下几个方面。

一是进出口价格指数持续低迷，进口价格指数持续42个月为负，而出口价格指数也持续40多个月在0水平波动。2015年8月出口价格指数增速为-3.5%，比2014年同期下滑了5.6个百分点，进口价格指数增速为-15%，已连续40多个月为负，并于近期创造新高，比2014年同期下滑速度扩大了14个百分点。这说明目前中国输入性通货紧缩的力度不仅没有得到缓解，反而进一步提升了。

二是工业品出厂价格指数和购进价格指数连续43个月为负，同比下滑幅度不断扩大。2015年9月工业品出厂价格指数仅为 -5.9%，比2014年同期增速下滑了4.1个百分点，而工业品购进价格指数仅为 -6.8%，比2014年同期增速下滑了5.0个百分点。这表明目前工业领域的整体通缩进一步加剧。

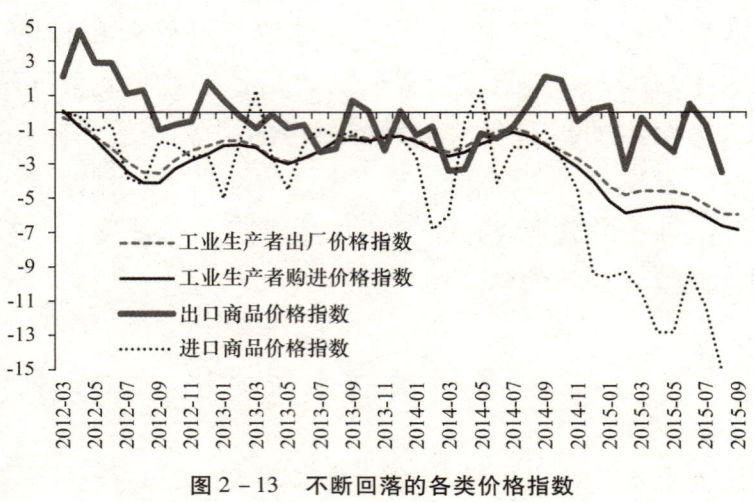

图2-13 不断回落的各类价格指数

三是CPI持续回落，远远低于目标价格水平，进入"1时代"。2015年10月CPI同比增速为1.3%，比2014年同期增速回落0.3个百分点。其中，食品CPI同比增长1.9%，扣除食品的CPI同比增速仅为0.9%，比2014年同期增速回落了0.3个百分点。扣除食品和能源的核心CPI同比增速为1.5%，比2014年同期增速回升了0.1个百分点。虽然CPI同比增速没有步入通货紧缩的阶段，但值得注意的是：（1）CPI持续回落的态势已经改变了2011—2013年"GDP增速回落但CPI增速稳定"的运行模式。这表明GDP增速回落的主要因素之中，需求不足的因素在强化。（2）各层级CPI已经连续15个月低于"2%"，同时也大大低于2015年政府预设的"3%"的目标值。

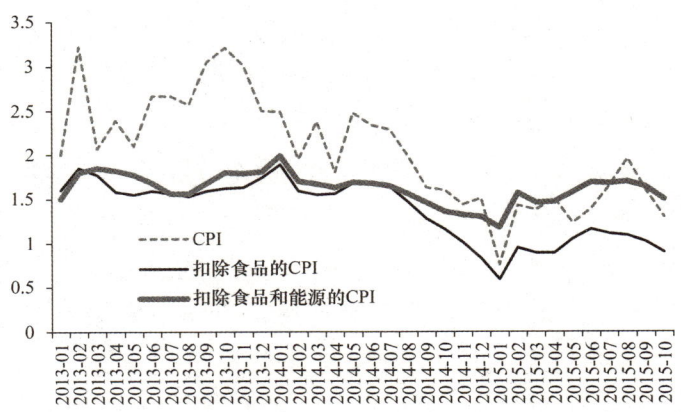

图 2-14　各层级的 CPI 出现明显回落

四是与整体宏观经济更为密切的 GDP 平减指数持续为负，这表明中国宏观经济可能开始步入整体性"低迷时代"。2015 年前三季度 GDP 平减指数为 -0.3%，其中，第一季度和第三季度 GDP 平减指数均为负，分别为 -0.3% 和 -0.7%。这表明和全社会最终商品及服务相对应的总体价格水平已经进入通缩状态。这种状态在过去 25 年中只有两个时期出现过：一是 1998 年第二季度到 1999 年第四季度，平均水平为 -1.25%；二是 2009 年第一季度到第四季度，平均水平为 -1.4%。这两个时期都是中国经济出现全面萧条的时期。这说明，如果按照 2015 年第一季度至第三季度运行的模式，中国宏观经济很可能重现全面萧条和低迷的局面。

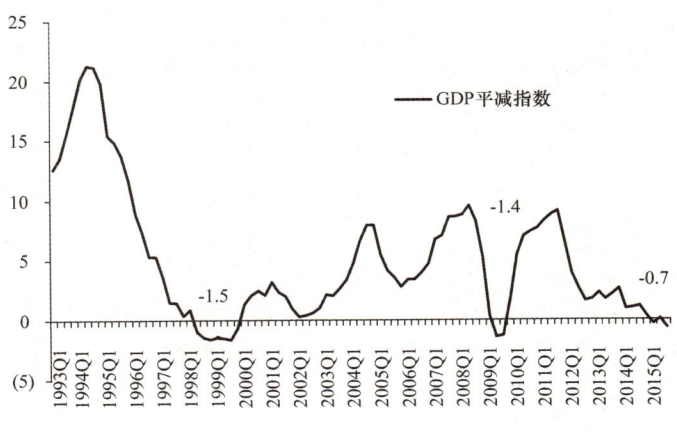

图 2-15　过去 20 年 GDP 平减指数第三个低谷出现

2. 从历史比较的角度来看，本轮通缩是中国近 25 年来形势最为严峻的通缩。第一，本轮通缩周期最长。1997—2002 年的通缩历时 5 年，但期间经历了 1999—2001 年的一段反弹，相当于完成了两个物价周期。2008—2009 年的通缩历时只有一年，是突然遭遇全球金融经济危机冲击的应激性反应。本轮通缩自 2012 年年初开始已经历时超过三年半，但仍处于探底的过程中，丝毫没有企稳回升的迹象，因而预计走完本轮通缩周期至少需要 6 年。

第二，本轮通缩幅度与前两次类似。本轮通缩中，PPI 跌幅超过 4% 的严重通缩持续时间最长，并且本轮通缩跌幅最大值为 2015 年 8—10 月的 5.9%，也高于 1998 年 11 月的 5.7%。

第三，本轮通缩中，CPI 与 PPI 的缺口持续扩大，位于正值区间的时间超过历史上所有的物价通缩时期。一般而言，当经济走向通货紧缩时期，PPI 会比 CPI 下滑幅度更大，而当经济走向复苏时，PPI 也会比 CPI 上升的幅度更大，这是经济周期调整的内在机制。本轮通缩时期，CPI – PPI 缺口已经持续四年处于正值区间，最高值为 2015 年 8 月的 7.9%，远高于 1998 年 11 月的 4.5% 和 2009 年 8 月的 6.7%。

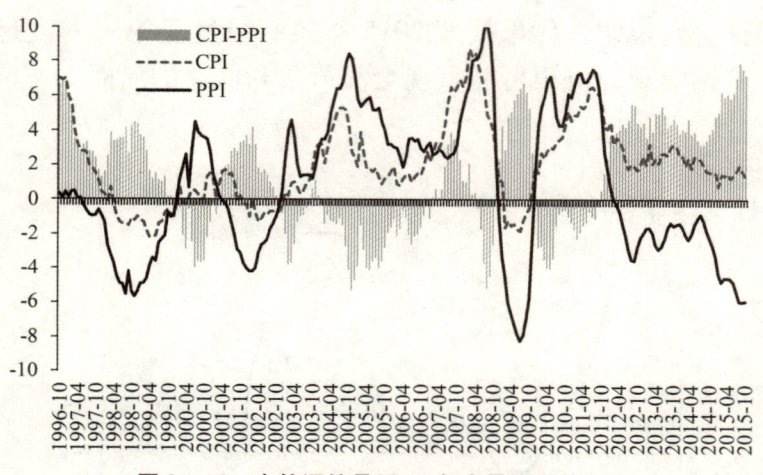

图 2 – 16　本轮通缩是近 20 年中最严重的一次

第四，本轮通缩最严重的时点都发生在 2015 年第三、第四季度，也就意味着本轮通缩周期还远未结束。目前可能已经是最坏的情况，但也可能还不是底部。

3. 从国际比较的角度来看，中国价格水平不仅远低于发展中国家的平均水平，同时越来越接近采取量化宽松政策的国家的价格水平。按照 IMF 预测，2015 年世界的平均 CPI 为 3.3%，其中发达国家的 CPI 为 0.31%，新兴经济体为 5.6%。因此，中国 2015 年年底 1.3% 的物价水平已经越来越接近于发达经济体的物价水平，而显著低于新兴市场和发展中国家的物价水平。

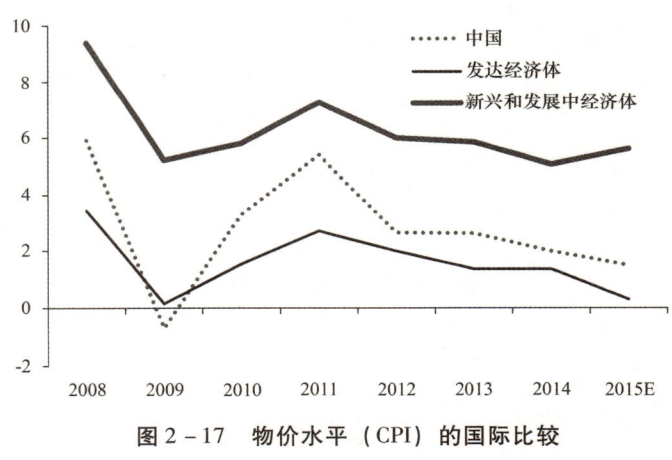

图 2-17 物价水平（CPI）的国际比较

三 景气指数持续低迷

在各类一致指数低迷的同时，各类宏观景气指数持续回落，均处于较为低迷的状态，表明 2015 年中国经济下行的惯性和趋势已经形成。

1. 克强指数出现明显回落，创 5 年来的新低。[①] 2015 年 9 月

---

① 本书中克强指数计算公式如下：克强指数 = 发电量增速 × 40% + 贷款余额增速 × 35% + 货运量增速 × 25%。

克强指数为6.5，比2014年同期回落了2.0，成为自该指数创造以来的次新低，仅次于2009年2月的6.2。构成克强指数的发电量、货运量以及信贷量等参数也出现同步低迷的状况，特别是发电量和货运量累计增速都创了自2009年以来的同期最低纪录。1—9月全国货运量累计增速为4.1%，全国发电量累计增速仅为0.1%。

图2-18 克强指数下滑

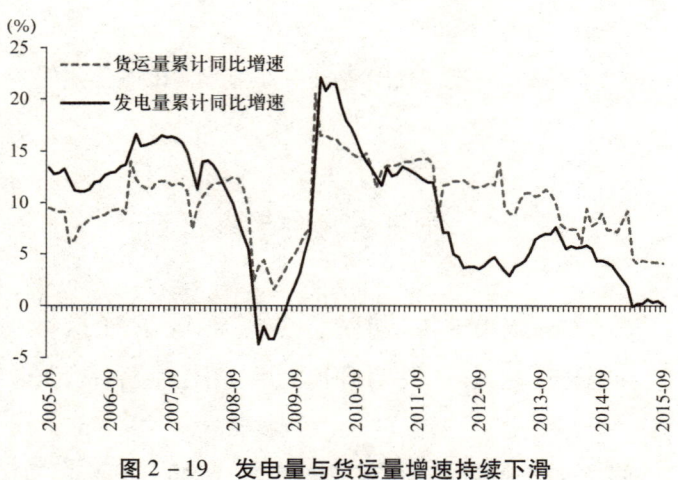

图2-19 发电量与货运量增速持续下滑

2. 投资先行参数、贸易先行参数都预示着市场疲软将进一步扩展。这主要体现在几个方面：一是投资先行参数——本年施工项目计划投资数和本年新开工项目计划总投资数都处于低水平增长,1—10月累计增速分别为5.3%和4.1%,比2014年同期下滑了6.2个百分点和9.3个百分点,是近5年来的新低,也是近25年来仅次于1998年和2008年同期的第3个新低。二是制造业PMI指数持续低于50的荣枯线,到2015年10月国家统计局发布的PMI指数为49.8。这标志着整个制造业市场状况依然低迷。三是波罗的海干散货指数(BDI)自2013年以来持续下滑,2015年第四季度又呈现出持续探底的迹象。到目前为止,BDI仅为721,处于历史低位。

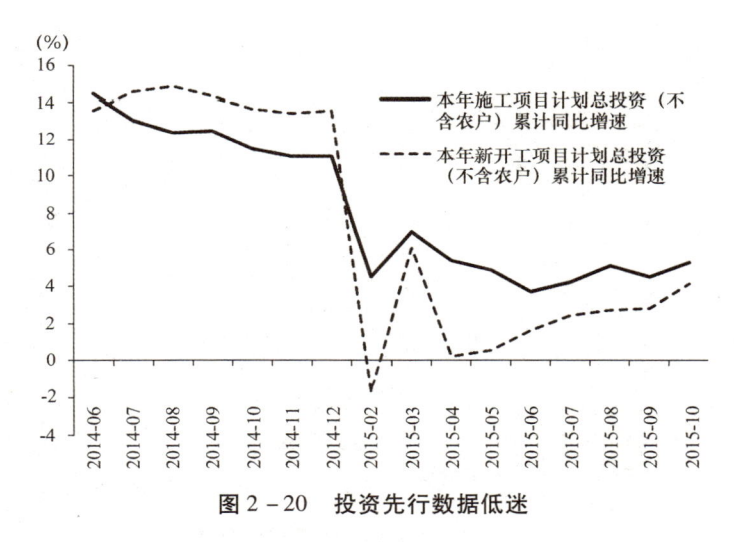

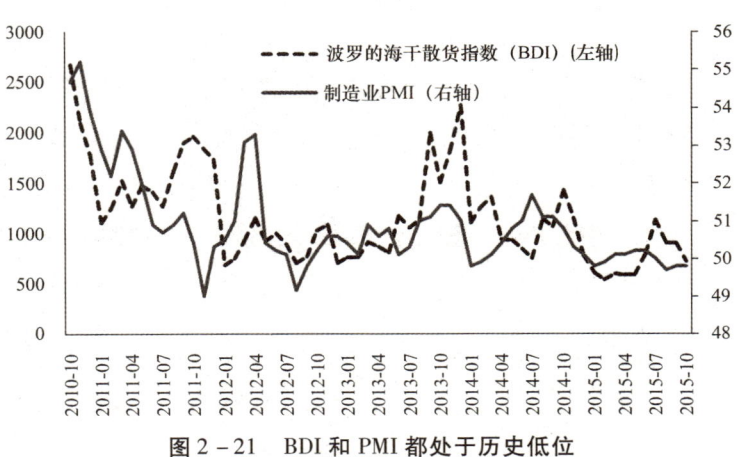

图 2-20 投资先行数据低迷

图 2-21 BDI 和 PMI 都处于历史低位

3. 各类信心指数也持续回落，信心低迷、预期下滑是经济内生性收缩的核心表现。这集中体现在工业企业信心指数 2015 年第三季度为 50.5，较 2014 年同期持续下滑 13.1 个点；经济学家信心指数 2015 年第三季度为 3.55，比 2014 年年底下滑了 0.87 个百分点；银行家信心指数 2015 年第三季度为 40.6，较 2014 年同期下滑了 18.5 个百分点；消费者信心指数自 2014 年到 2015 年保持较好的状态，但第三季度水平较第二季度也出现了轻度的回落。

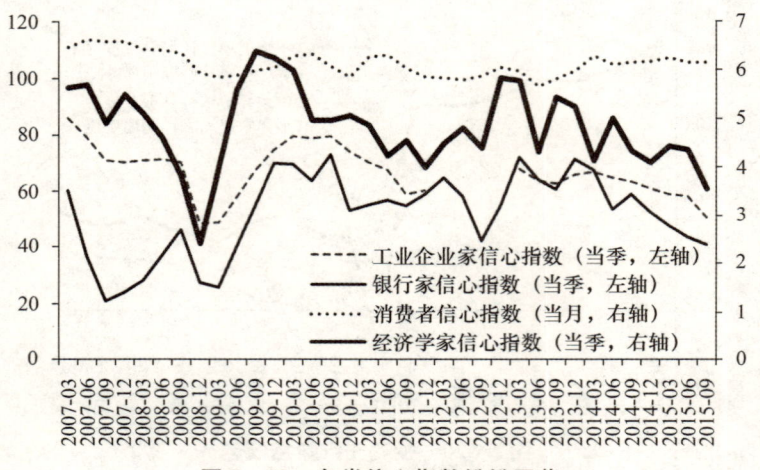

图 2-22　各类信心指数纷纷回落

4. 宏观先行合成指数、宏观一致合成指数和宏观滞后合成指数持续回落，创近年来的新低。特别是宏观一致合成指数创近十年来的新低，2015 年 8 月宏观一致合成指数为 92.94，比 2009 年 2 月的最低点 93.84 还低。这些参数的变化趋势都说明中国宏观经济下滑的惯性和内生力量已经形成，目前低迷的状态存在进一步恶化的可能。

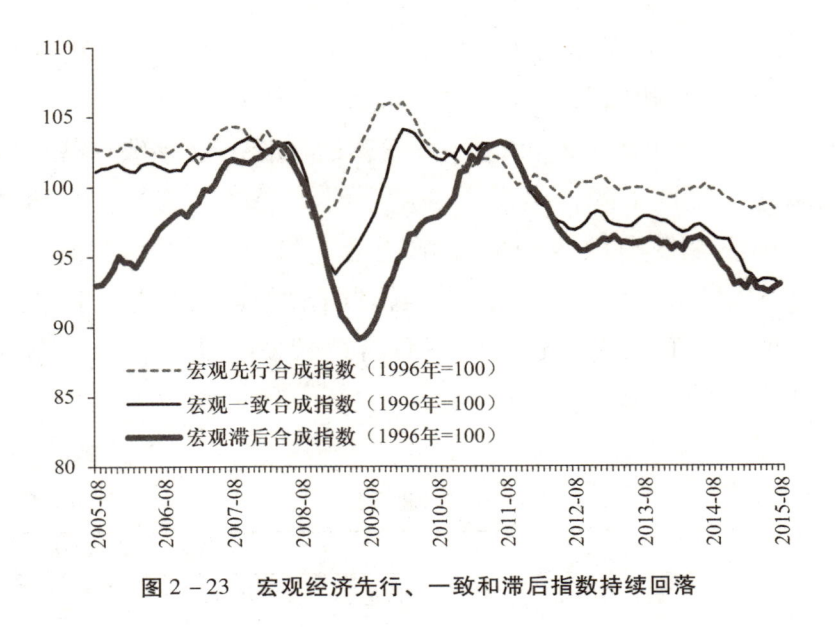

图 2-23　宏观经济先行、一致和滞后指数持续回落

四　经济结构深度分化

在宏观经济总体疲软的状态下,中国经济结构出现重大的分化,低迷中存在繁荣,转型中存在新的生机和新的动力,结构性调整进一步深化。

1. 全国经济在整体低迷中出现剧烈的区域分化,转型成功的省市的繁荣与转型停滞省份的低迷共存。

在全国经济增速整体回落的过程中,部分省市依然保持了较好的增长态势,例如天津、江苏、重庆、贵州和西藏2015年前三季度名义GDP增速仍达到两位数,尤其是重庆和贵州名义GDP增速分别高达18.4%和16.6%。天津、江苏、重庆和江西的财政增速也保持两位数增长,分别为11.6%、10.4%、12.0%和13.6%,为这些区域的平稳运转打下了基础。

但与此同时,东北和部分省市出现了塌方式的质变,例如2015年前三季度辽宁的实际GDP增速为2.7%,名义GDP仅增长0.2%，黑龙江的实际GDP增速为5.5%，但名义GDP增速为-2.2%，河北和山西实际GDP增速分别为6.5%和2.8%，但名义GDP增速却出现-2.0%和-1.2%的增长。这导致这些区域的财政增速大幅度下降，出现大幅度下滑的局面。例如，山西和吉林今年前三季度财政收入同比增速为-11.4%和-3.7%，黑龙江和辽宁财政收入下滑更为剧烈，同比增速分别为-15.8%和-27.4%。这直接引发这些区域政府运转发生变异，导致基层政府功能失灵的现象。

表2-3　　　　　　　　　　区域分化严重

指标\省市	增速过度下滑地区					增速相对稳定区域				
	吉林	山西	辽宁	河北	黑龙江	天津	江苏	江西	重庆	贵州
实际GDP增速	6.3	2.8	2.7	6.5	5.5	9.4	8.5	9.2	11.0	10.8
名义GDP增速	5.3	-1.2	0.2	-2.0	-2.2	11.0	12.2	7.1	18.4	16.6
财政增速	-3.7	-11.4	-27.4	6.5	-15.8	11.6	10.4	13.6	12.0	5.6

2. 在需求与政策等多重因素的驱动下，增长动力的转换使行业也出现剧烈的分化，在传统产业持续下滑和低迷的同时，战略性新兴产业和新业态都表现出强劲的增长态势。

第一，战略性新型产业在需求转型以及政策扶持的作用下逆势上涨。例如，根据中国汽车工业协会，2015年1—9月，汽车产销1709.16万辆和1705.65万辆，产量同比下降0.82%，销量增长0.31%，尤其是商用车产销248.53万辆和250.87万辆，同比分别下降12.48%和11.83%。然而，同期新能源汽车产销144284辆和136733辆，同比分别增长2.0倍和2.3倍，特别是纯电动汽车产销93032辆和87531辆，同比增长2.0倍和2.7倍。又如，2015年1—9月，电信业务总量完成16562.3亿元，同比增长25.3%，比2014年同期提高了10.3个百分点，比1—8月同比增速提高0.7个百分点，呈现加速增长态势。

第二，传统制造业与新型制造业出现分化。2015年1—9月电子信息制造业保持了较高的增长速度，规模以上电子信息制造业增加值累计增速依然高达10.7%，虽低于2014年同期1.2个百分点，但仍高于工业平均水平（6.2%）4.5个百分点。前三季度软件和信息技术服务业完成软件业务收入31127亿元，同比增长16.5%，完成利润总额3446亿元，同比增长9.4%，增速虽分别低于2014年同期4.1个百分点和12.3个百分点，但仍显著高于工业平均水平。相比之下，传统的专用设备制造业却出现直线下滑，2015年1—9月增速仅为3.4%，比2014年同期下滑了4.5个百分点，比制造业总体增速低3.6个百分点。

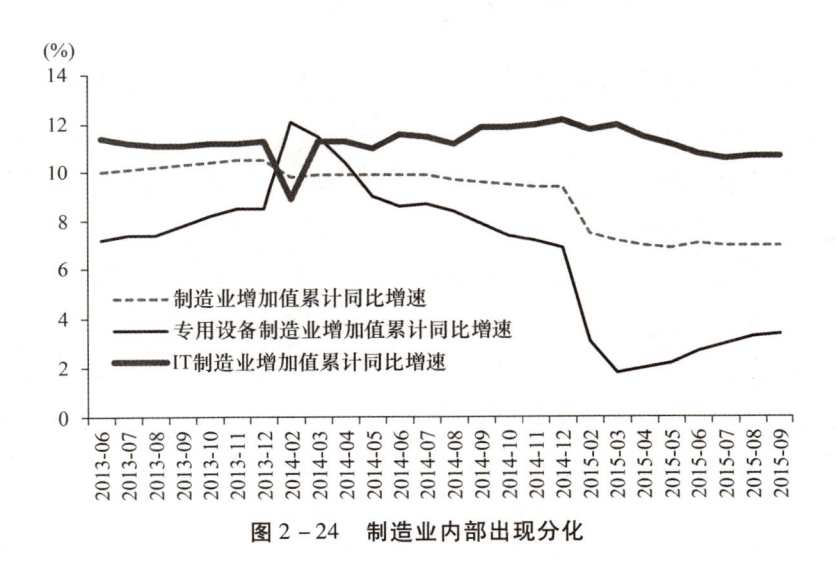

图2-24 制造业内部出现分化

第三，新型消费和新型消费业增速依然迅猛，但部分传统消费出现较大幅度下滑。2015年1—9月全国限额以上消费品零售增速仅为7.5%，出现一定幅度回落，而引领回落的行业为汽车销售，1—9月的增速仅为4.2%，比2014年下滑了5.0个百分点，但是通信器材销售1—9月增速达到35.8%，比2014年还提高了11.5个百分点。

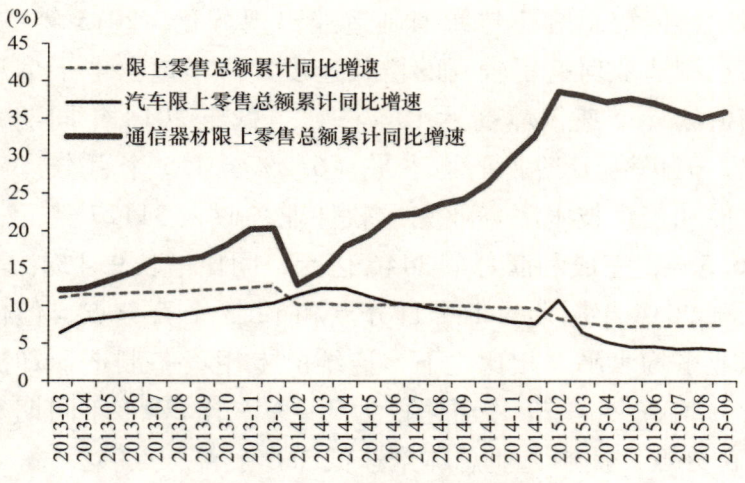

图 2-25 消费分化也很明显

第四，行业利润在整体回落中分化更为严重。这集中体现在银行业、化工原料行业、有色金属行业、机械设备行业和零售行业等上市公司的净利润在今年上半年基本呈现出零增长的态势。而钢铁行业和煤炭行业却持续出现大幅度的下滑。上半年钢铁行业上市公司净利润增速为 -288.8%，而煤炭行业净利润下滑超过 68.6%。但与此同时，代表新型经济增长极的生物制药行业出现了相对稳定的高增长，近 3 年基本维持在 20% 左右的增长率。随着房地产销售回暖和出现复苏迹象，地产行业利润增长率在 2015 年上半年出现强劲反弹，从 2014 年第三季度负增长 21.5%，上升到 2015 年第二季度正增长 38.8%。

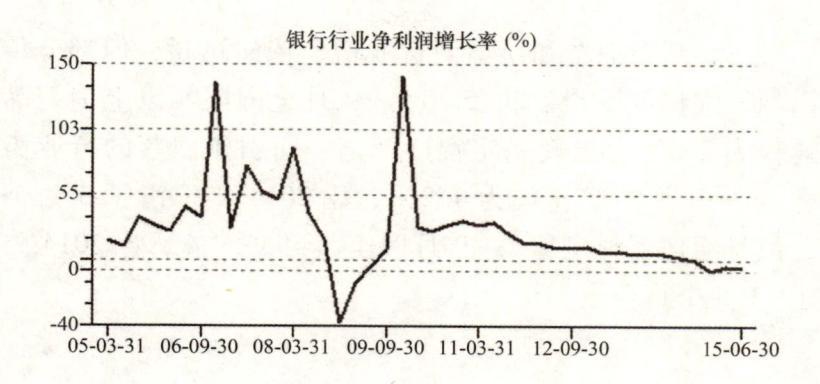

化工原料行业净利润增长率 (%)

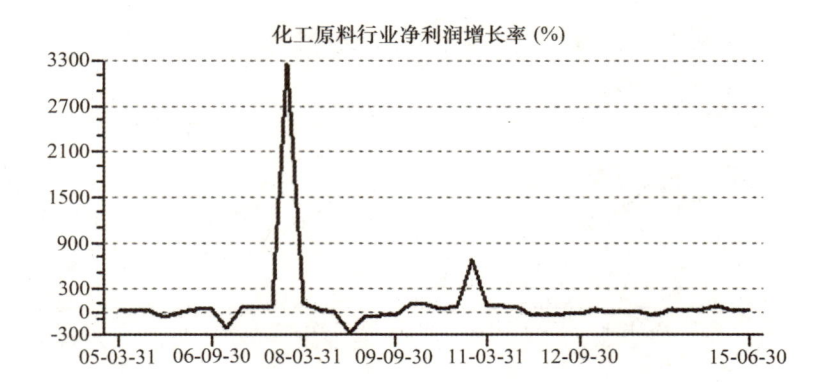

机械设备行业净利润增长率 (%)

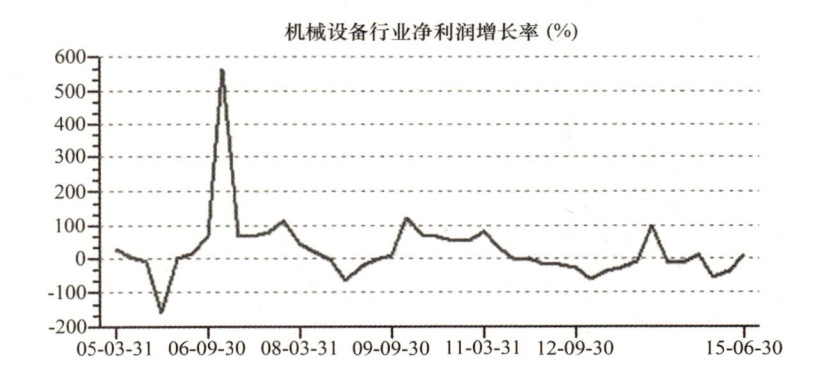

有色金属行业净利润增长率 (%)

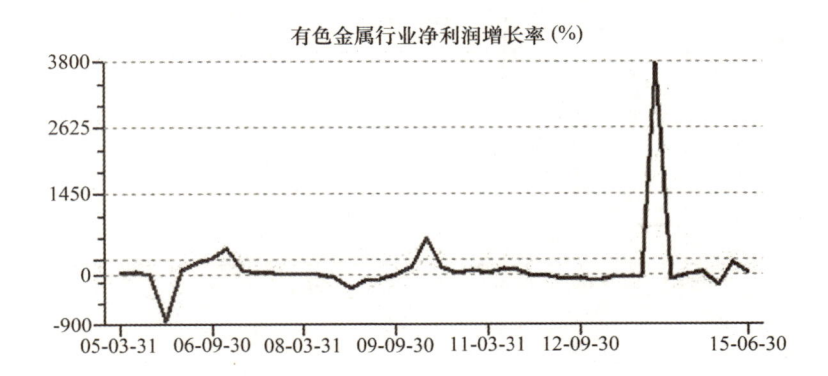

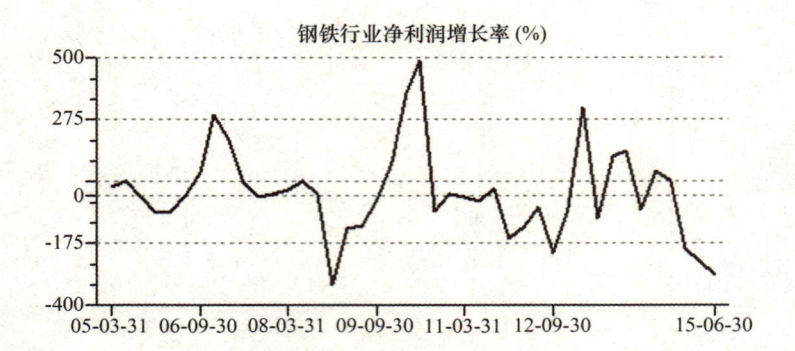

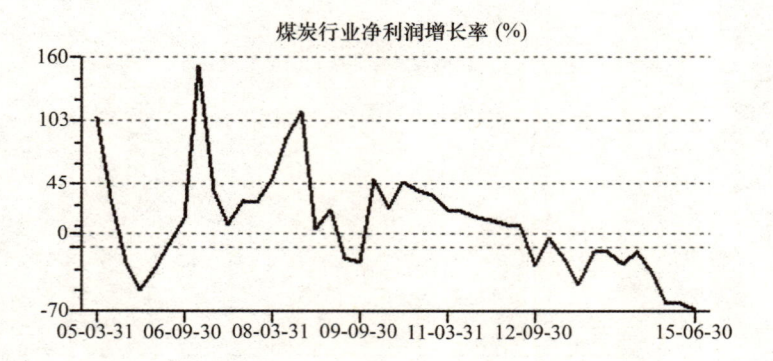

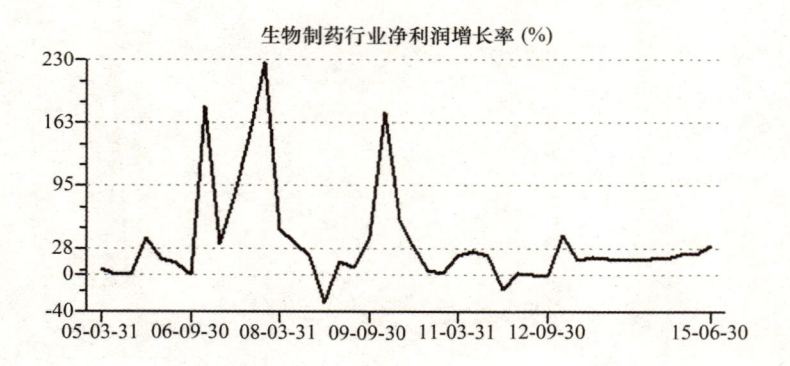

钢铁行业净利润增长率 (%)

煤炭行业净利润增长率 (%)

生物制药行业净利润增长率 (%)

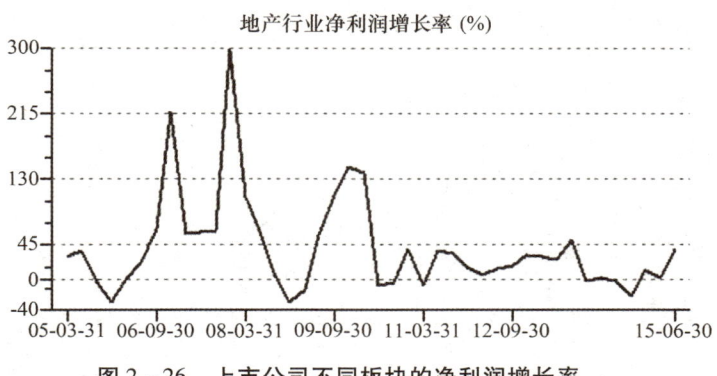

图 2-26 上市公司不同板块的净利润增长率

3. 伴随经济分化的加剧，尤其是转型停滞省份陷入持续的低迷、传统制造业陷入长期困顿，中国经济结构调整的市场力量已经形成，经济结构调整已进入加速期和深水区。

从目前传统产业衰退、新兴产业增长以及新增长极的培育情况来看，中国结构调整开始进入最艰难的时期，新格局雏形亟待形成。这集中体现在相对价格的调整在2015年正全面加剧。几个主要的相对价格自2008年以来进行了持续的调整，形成了强劲的市场主导型结构调整力量，2011年年底进入相对稳定状态。其中，重工业与轻工业价格指数比价从2011年年末起长期稳定在0.98左右，服务与工业品之间的价格指数比价自2011年年末起长期稳定在1.00左右，而中国贸易条件虽有个别月份出现波动，但自2011年年末起也基本稳定在1.02左右。直到2014年年末，中国市场主导的相对价格调整与相应的产业结构调整实际已经有3年多。因此，新主导产业的崛起和实质性替代旧产业在理论上应当不远了。然而，从2014年年底开始，重工业与轻工业相对价格以及出口品与进口品相对价格再次展开了新一轮激烈的调整。重工业与轻工业相对价格从2014年9月的0.98快速下降到2015年9月的0.93，变动幅度达5个百分点。出口品与进口品相对价格从2014年9月的1.03急速上升到2015年9月的1.14，变动幅度达11个百分点。这表明中国经济本轮具有世界性的结构大调整，进入深水区。

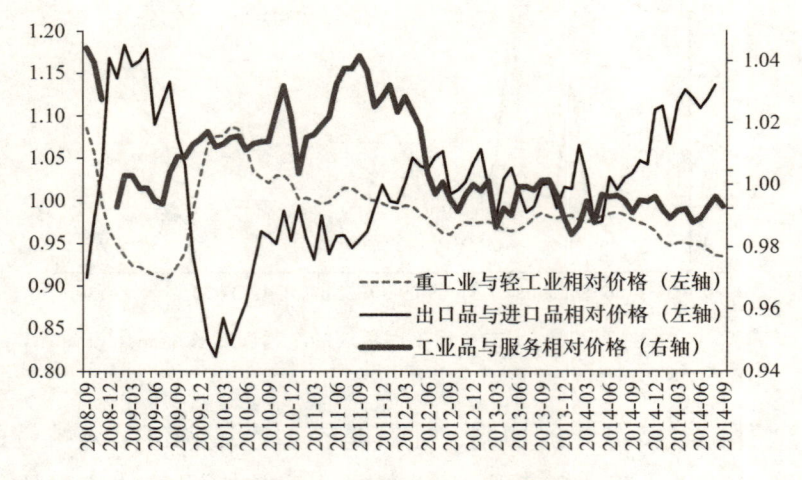

图 2-27 持续的相对价格调整

五 股市泡沫破灭冲击

在市场总体低迷的状态下，2015年中国股市经历了泡沫加速形成、泡沫突然破灭、泡沫痛苦消化的全过程，对宏观经济产生了巨大冲击和持续的影响。

1. 股市泡沫加速形成阶段加剧了生产领域收益与金融收益的背离，导致生产领域的萧条与金融市场泡沫的并存。

2014年下半年至2015年上半年，在房地产市场持续调整的同时，股票市场快速上扬，股市泡沫替换房地产泡沫。2015年第一、第二季度，房地产市场在分化中基本延续了2014年持续调整的格局，国房景气指数在销售量、投资量持续回落的带动下从2013年年底的97.21持续回落到2015年5月的92.4。到2015年1—5月，房地产开发投资增速为5.1%，比2014年同期下滑了9.6个百分点，房地产土地购买面积同比增速-31%，比2014年同比下滑幅度多25.3个百分点，房地产新开工面积同比增长5.3%，比2014年同期增速回落6.7个百分点。全国商品房房价收入比开始接近7倍,与2014年的7.1和2013年的7.3相比,出现持续回落,房地产泡沫得到了阶段性遏制。

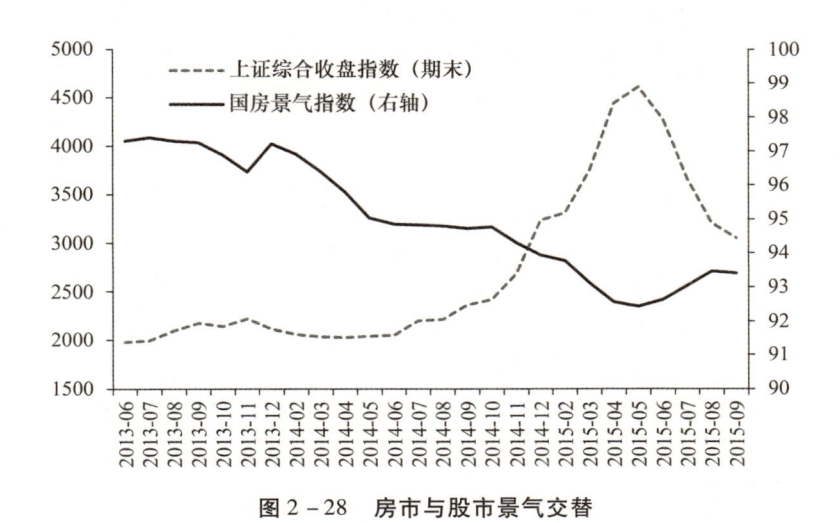

图2-28 房市与股市景气交替

然而在政策调整、制度改革、结构性因素以及流动性转向等因素的作用下,中国股市从2014年6月开始启动,在不到1年的时间内,上证指数从2010点上升到2015年6月的5178点,深圳成分指数从7134点上升到18198点,中小板从4556点上升到12084点,创业板从1303点上升到4088点。这种快速的上升直接导致中国股票市场的市盈率出现加速上升。从2014年年底到2015年5月底,上证A股的市盈率从14.20倍上升到21.66倍,深证A股从35.94倍上升到73.62倍,中小板从42.59倍上升到86.97倍,创业板从63.76倍上升到144.12倍。中国A股交易额也提升了8倍。

在股市泡沫加速形成阶段,生产领域收益与金融收益背离的现象进一步加剧,导致生产领域的萧条与金融市场泡沫并存。金融增长与工业增长背离的现象虽早已发生,但出现全面质变却是在2014年第四季度至2015年上半年。集中体现在:第一,金融业增加值在股市快速回升的驱动下,其增速从2014年的9.7%快速上扬到2015年上半年的17.5%,而工业增加值增速却从2014

年的6.9%快速下滑到2015年上半年的6.0%。第二,股票市值同比增速从2014年5月的-3.2%持续上升到2015年5月的161.7%,而工业企业利润总额增长速度却从2014年5月的9.8%下滑到2015年5月的-0.8%。

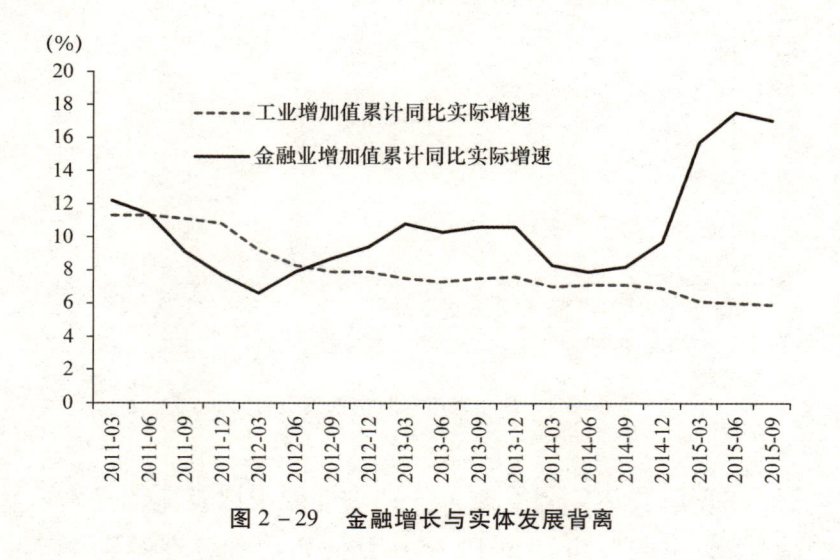

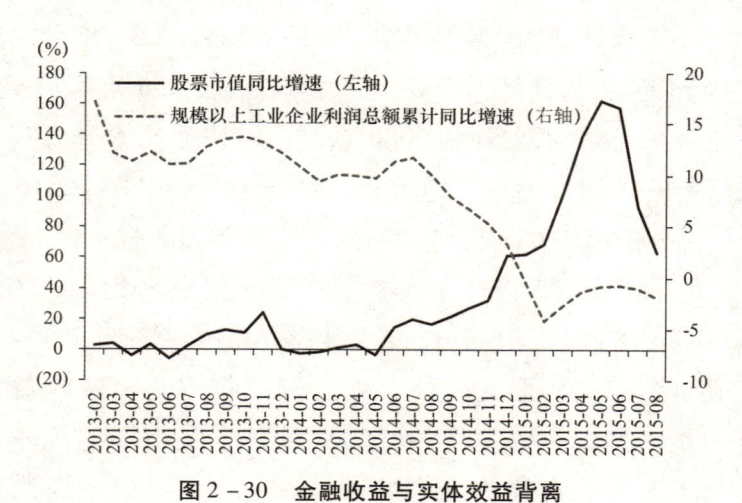

图2-29 金融增长与实体发展背离

图2-30 金融收益与实体效益背离

2. 股市泡沫的突然破灭给实体经济造成巨大冲击。

利用融资融券等杠杆手段提升股市景气的同时,也带来了巨大的泡沫：第一，各类参数飙升太快，市场投机的情绪过度高涨。例如第一季度新增长股票账户同比增长433%，一周新开户最高纪录达到440万户，其中62%是"80后"的青年人，每天平均300多家股票涨停。第二，股市投资的杠杆过高。两融余额在6月达到2.24万亿，占流入资金的20%左右。同时，场外配资的比例可以高达1:5。这种用杠杆来炒作股市的方法直接导致中国股市在宏观上的脆弱性。因为融资杠杆与强行平仓制度直接会导致股市下降的速度远远高于上涨的速度。第三，市盈率（P/E）过高，存在明显的泡沫，尤其是深证A股、中小板和创业板。例如，5月底深证A股市盈率达到73.62，是2000年以来的第二高点，这个市盈率对应的年收益率大约是1.4%，已经远远低于市场无风险收益率水平。中小板市盈率（TTM）达到86.97，创历史新高，这一市盈率对应的年收益率大约是1.15%。创业板市盈率（TTM）高达144.12，也创历史新高，这一市盈率对应的年收益率大约是0.7%。第四，上市公司净利润的增长状况不足以支持当时的股价上涨。上市净利润的增长状况是决定企业中长期股价的核心因素，2015年整体上市公司的净利润将处于负增长状态，很多行业的利润率跌破零，股价的普遍上扬必定会引发中期的大调整。

2015年6月，股市泡沫突然破灭，上证综指从最高点5178点在不到一个月内暴跌至7月8日的3507点，跌幅达47.6%。随后股市陷入低迷，虽然政府持续出台救市政策，但股指在波动中持续走低。股票总市值从6月的62.75万亿元，下跌至8月的43.80万亿元，跌幅超过30%。

表2-4　　　　　　　　中国股票市场的市盈率

日期	上证A股市盈率（TTM）	深证A股市盈率（TTM）	沪深300市盈率（TTM）	中小板市盈率（TTM）	创业板市盈率（TTM）
2015-05-27	21.66	73.62	18.01	86.97	144.12
2014-12-31	14.20	35.94	12.91	42.59	63.76

续表

日期	上证A股市盈率（TTM）	深证A股市盈率（TTM）	沪深300市盈率（TTM）	中小板市盈率（TTM）	创业板市盈率（TTM）
2013-12-31	9.69	29.26	8.92	35.94	60.30
2012-12-31	11.75	26.97	11.00	28.33	34.35
2011-12-30	11.06	23.06	10.45	26.81	36.07
2010-12-31	16.73	39.67	15.34	48.99	70.75
2009-12-31	30.75	76.45	28.49	55.31	79.09
2008-12-31	13.93	17.57	12.93	21.91	
2007-12-28	47.64	58.32	43.41	68.59	
2006-12-29	36.67	51.67	32.32	39.95	
2005-12-30	18.19	34.92	14.28	21.69	
2004-12-31	21.48	27.16		31.36	
2003-12-31	36.68	48.67			
2002-12-31	44.59	183.58			
2001-12-31	40.32	55.41			

3. 随着股市泡沫的破灭，利用大腾挪来实施"宏观去杠杆"，以及利用股市繁荣来对冲生产领域的低迷的计划宣告失败。股市在短期的快速回落所带来的宏观冲击大大超越以往的水平。股市泡沫破灭的后遗症，也给宏观经济的稳定带来持续的不利影响。

一是直接导致股权融资计划踏空，导致通过"宏观债转股"实现降低中国债务率和杠杆率的战略失败。2014年A股市场累计融资约7600亿元，是2013年的2倍左右。其中IPO约600亿元，增发和配股融资约7000亿元。而2015年1—5月的IPO就达到824亿元，定增融资达到3425亿元。这就是说，2015年1—5月股市融资高达4249亿元，已经占到去年全年股市融资的56%，这对于降低企业财务杠杆起到了关键性的作用。按照截至6月初的统计，2015年以来沪深两市共有超过500家上市公司累计发布定增方案涉及的融资金额超过1.5万亿元，超过2014年全年709家公司的1.32万亿元的定增方案。然而，随着股市出现暴跌，这些定增方案中将有一些落空，加上IPO暂停，涉及的股票融资很可能缩水5000亿元左右，导致社会融资总量少增长4个百分点左右。这对于目前流动性对实体经济的渗透性下滑、金融难以服务实体经济的低迷状况无疑是雪上加霜。

二是财富效应的破灭，可能导致2015年第四季度和2016年的消费增速明显回落。高盛的研究表明，大部分基于美国样本的分析估算显示，股市财富对于未来1年消费倾向的边际增长约为3%。假设我们对中国使用相对保守的1%的比例，意味着未来1年消费有望增长人民币1400亿元，这对于居民消费的提振为0.6个百分点，对GDP的提振为0.2个百分点。[①] 2015年6月初，中国股市总市值和流通市值均是2014年年底的2.3倍，整个社会的股权财富增长了130%，财富效应带来的消费效应将是非常显著的。然而，随着股市泡沫破灭，股市总市值已经比6月下跌超过30%。财富效应带来的消费效应损失也是非常显著的。

三是结构性调整可能受到较为严重的打击，特别是"大众创新，万众创业"的战略可能受到较大的冲击。因为目前通过中小板和创业板以及计划筹建的战略性新兴创业板，很多股票融资流向了中小企业和创新型企业。股票的崩溃必然首先从创业板和中小板开始，它不但会使很多企业前期的投资扩张变为"烂尾工程"，更为重要的是，它会使这一轮崛起的创新型人才背负过度的债务，打击全民创新和创业的信心。

六 宏调政策捉襟见肘

宏观调控政策捉襟见肘，在"微调与预调"的哲学理念下"微调"永远没有达到"预调"的目标，在"控风险"目标指引下局部

[①] 高盛：《A股牛市乃稳增长神器，或助GDP提振0.7个百分点》，http://finance.sina.com.cn/stock/marketresearch/20150506/201522120445.shtml。

风险却在持续蔓延和扩大,在"稳增长"调控下宏观经济却出现了超预期回落,并不断触及底线,"通缩—债务"恶性循环效应显化。

1. 货币政策在"去杠杆""降债务"和"控风险"的过程中,采取适度从紧的做法,然而杠杆率却越降越高。

现行货币政策在应对"去杠杆""降债务"以及"控风险"过程中,遵循一个看似十分直接却十分错误的理念,即"去杠杆"和"降债务"必须采取适度从紧的货币政策,必须减少企业举债的规模和经济主体债务融资的规模,而扩展性的货币政策必然导致银行贷款和其他债务融资大规模攀升,从而无法达到减少债务的目标。然而,将杠杆率和债务率的绝对水平全面降低作最为货币政策和其他金融政策的短期目标往往会带来南辕北辙的效果,过度收缩的货币政策不仅不能治理泡沫,反而会刺破泡沫导致实体经济崩溃,导致负债率攀升,引发系统性经济危机。正因为如此,尽管我国广义货币(M2)增长率从2010年的19%持续下滑到2014年的12%,显著低于1988年以来中国M2平均增长率(M2平均增速为20%),然而中国的杠杆率,不仅没有下降,反而还在持续上升。

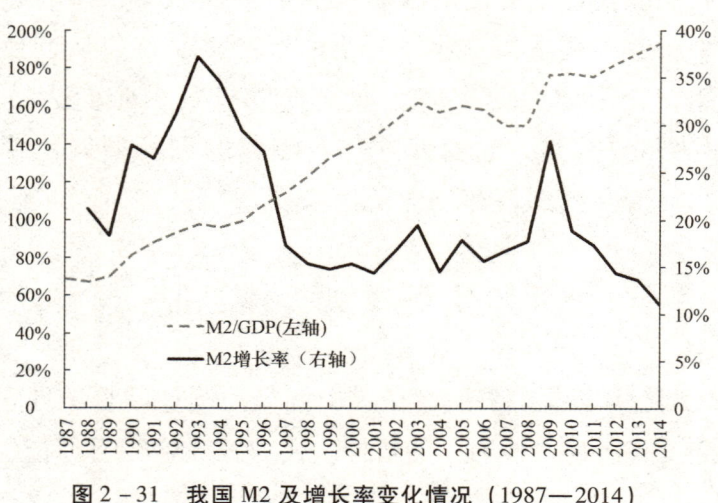

图 2-31 我国M2及增长率变化情况(1987—2014)

从国际上各国"去杠杆"的经验中也可以发现,现有货币政策背后朴素直观的理论是无比错误的。一是欧洲关于债务削减的紧缩计划直接导致希腊等国经济萎缩速度远远大于债务下降的速度、负债下降的速度低于资产恶化的速度，导致杠杆率和债务率不仅没有下降，反而引发经济与政治危机。二是日本在20世纪90年代初期的实践也表明偏紧的货币政策可能使企业偿债能力恶化，从而导致去杠杆举措失效。三是美国极度宽松的货币政策所带来的美国去杠杆的胜利证明了去杠杆和降债务与宽松货币政策并不冲突。

2. 在表外业务清理、银行惜贷以及整体性去杠杆的冲击下，社会融资规模和货币供应增速回落趋缓，金融内生性收缩现象明显，直到2015年宽松政策加码，这一收缩趋势才出现一定程度的缓和。

受经济运行景气回落、银行惜贷、影子银行清理以及去杠杆等因素的影响，社会融资规模增长速度出现持续回落的态势。2015年1—9月全社会融资总额累计同比增速为-7.7%，与2014年同期增速相比持平，但比2013年同期增速下滑了26.9个百分点。不过，相比2015年1—4月累计负增长20.4%，1—9月增速还是显著回升了12.7个百分点。

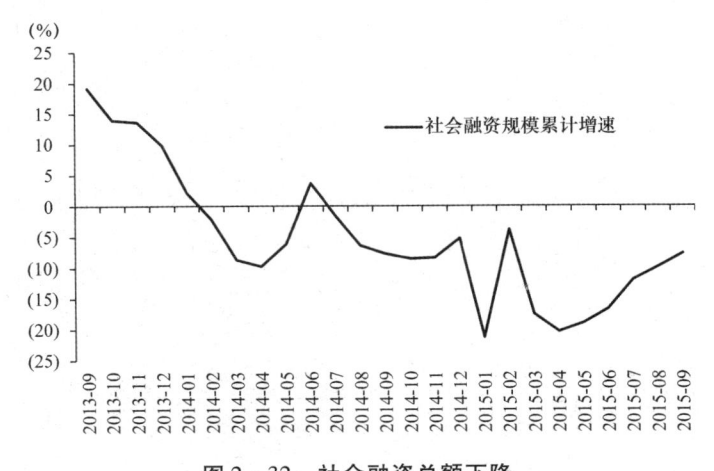

图 2-32 社会融资总额下降

社会融资规模的减少直接来源于三个因素：第一，受本外币融资成本的差异的影响，外币贷款 2015 年 1—9 月为 -2659.1 亿元，比 2014 年同期减少 6415.1 亿元，减少了 170.8%；第二，受表外业务和影子银行整顿等因素的影响，委托贷款、信托贷款和票据融资都出现大幅度下滑，分别比 2014 年 1—9 月同比减少 7788.8 亿元、3037.2 亿元和 7061.1 亿元，分别减少了 43.6%、84.3% 和 592.3%。第三，受企业绩效下滑以及城投债清理等因素的影响，企业债券市场融资比 2014 年 1—9 月减少了 611.3 亿元，小幅度下降了 3.3%。

然而，随着股市发展和宽松政策加码，这一收缩趋势从 2015 年中开始出现一定程度的缓和。首先，股票融资总量从 2014 年 1—9 月的 3033.6 亿元上升到 2015 年 1—9 月的 5382.2 亿元，上升了 77.4%。与此同时，宽松货币政策不断加码，货币供应放缓的趋势出现一定程度的缓和。2015 年 1—9 月 M2 增速为 13.1%，比 1—4 月的 10.1% 回升了 3 个百分点，比 2014 年同期增速回升了 0.2 个百分点。人民币贷款从 2014 年 1—9 月的 76831.8 亿元上升到 2015 年 1—9 月的 89922.9 亿元，上升了 17.0%。

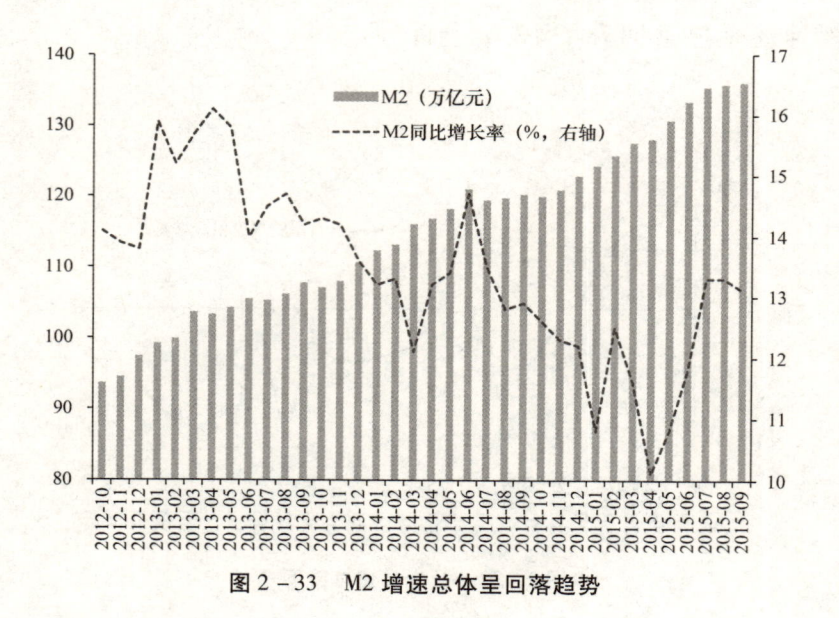

图 2-33　M2 增速总体呈回落趋势

值得注意的是，信贷市场和资金市场循环的各类参数出现回落，表明金融内生性紧缩现象仍普遍存在。一是货币流通速度的线性趋势回落明显,2015年较2010年累计回落了14%。二是与货币流通速度相对应的工业企业资金周转率也出现趋势性回落,1—8月为2.4%,比2014年同期下滑了0.05%,比2013年同期下滑了0.06%。三是企业应收账款和存货增速持续下滑。2015年1—8月企业应收账款增速为7.9%,分别比2014年和2013年同期下降了3.4个百分点和4.4个百分点。企业存货占用资金增速仅为2.1%,分别比2014年和2013年同期下降了7.2个百分点和5.4个百分点。

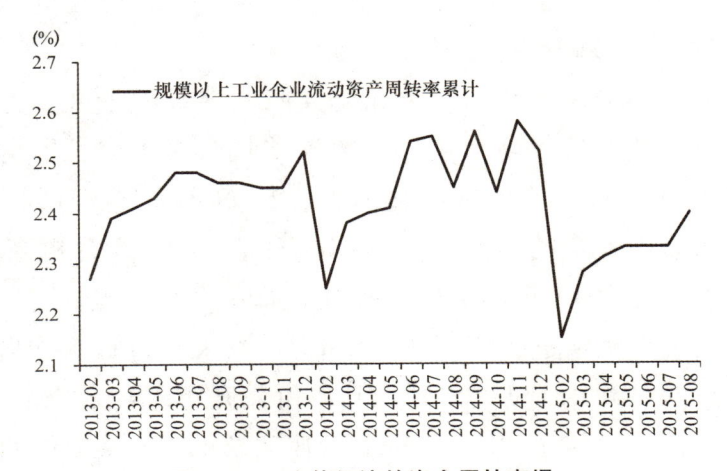

图2-34 实体经济的资金周转变慢

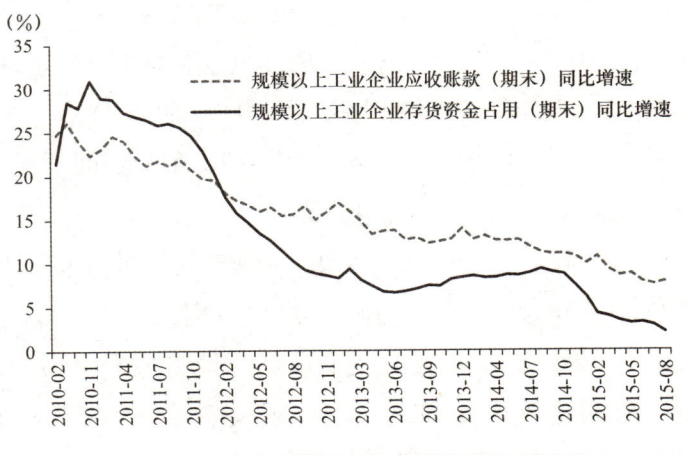

图2-35 企业应收账款和存货增速持续下滑

3. 4月以来的各类宏观经济政策的进一步加码使宏观经济止跌触底的迹象开始出现，然而尚未带来稳固而全面的复苏。

面对中国宏观经济回落的压力，自2014年第四季度已经采取了一些常规性的"微刺激"，包括对于各类投资项目持续扩大、进一步明确积极财政和稳健货币政策的定位以及陆续推出各类结构性改革。但是，2014年第四季度到2015年第一季度的常规"稳增长"政策并没有收到较好的效果，宏观经济出现加速回落，甚至部分区域和行业出现塌方式的下滑。这促使中央政治局在2015年4月30日召开会议，要求把"稳增长"放在更为重要的地位，各类"微刺激"政策全面加码。

一是进一步加大基础设施和公共服务建设的投入，力求基础设施投资增速保持较高水平。虽然各类政府收入增长下滑，但下半年对于投资的支持出现明显回升，1—9月固定资产投资资金来源中预算内资金的同比增速为20.5%，比1—5月提高了10.2个百分点，比2014年同期增速提高了6.4个百分点。

二是货币政策进一步宽松，2015年以来已进行5次降息和5次降准，同时利用PSL、SLF、MLF和公开市场操作等政策工具释放流动性，逆转了2014年贷款增速回落的趋势。1年期银行间同业拆借加权平均利率从2015年3月的5.26%，下降到8月的3.85%。1—9月新增人民币贷款总量89922.9亿元，比2014年同期多增长13091.1亿元，使期末人民币贷款余额增速达到17.04%，比2014年同期增速提高了11.5个百分点。社会融资总额的累计增速从2015年1—4月的-20.4%，回升到1—9月的-7.7%，提高了12.7个百分点。

三是利用财政督查和"类财政"措施，全面落实积极财政政策的各项举措。2015年年初期确定的积极财政政策的内涵是将财政赤字从2014年的2.1%提升到2.3%，地方发行6000亿元地方债。但到目前为止，由于加速2014年度资金的结转、地方政府专项债券的发行以及地方政府债务置换的加码（2015年下达

6000亿元新增地方政府债券和三批共计3.2万亿元的置换债券额度），使实际财政赤字率上升到2.5%以上（1—9月累计赤字率达5.5%）。与此同时，国家利用开发性金融来弥补财政缺口和缺位并加快财政的拨付使积极的财政政策定位更为明确。

四是通过全面放松限购、限贷、营业税减免以及部分区域政府购买商品房转为保障住房等举措，大幅度调整房地产政策，鼓励自住型和改善型住房需求的释放。

五是利用简政放权和各类结构性减负措施，大幅度降低企业负担。例如，取消或暂停征收企业12项收费，对小微企业免征47项收费等多项措施每年可减轻企业负担400多亿元；各地区取消、停征、减免的涉企行政事业性收费和政府性基金项目共计600余项，每年可减轻企业负担超过1000亿元；国务院的"折旧新政"为A股公司首年可减税2333亿元。此外，连续5次降息也使企业贷款利率大幅下降，为企业节省了大量利息支出。

六是从政治问责和行政督导层面来逆转目前地方政府懒政、庸政、怠政的"新常态"。

七是大规模采取创业创新促进政策，强化对战略性新兴产业的扶持。

这些政策举措取得了一定成效。例如，一系列宽松政策使房地产市场销售出现逆转，房地产市场触底迹象日益明显。1—9月，全国房地产销售面积累计同比增长7.5%，销售额增长15.3%，比2014年同期增速分别提升了16.1个百分点和24.2个百分点，比上半年也分别提升了3.6个百分点和5.3个百分点。销售的逆转直接导致房地产资金回流出现逆转，1—8月房地产开发企业资金累计增速为2.8%，比1—3月回升了1.2个百分点，与1—6月持平，即房地产开发企业资金企稳。这促使局部区域的投资开始出现逆转，以一线城市最为突出。

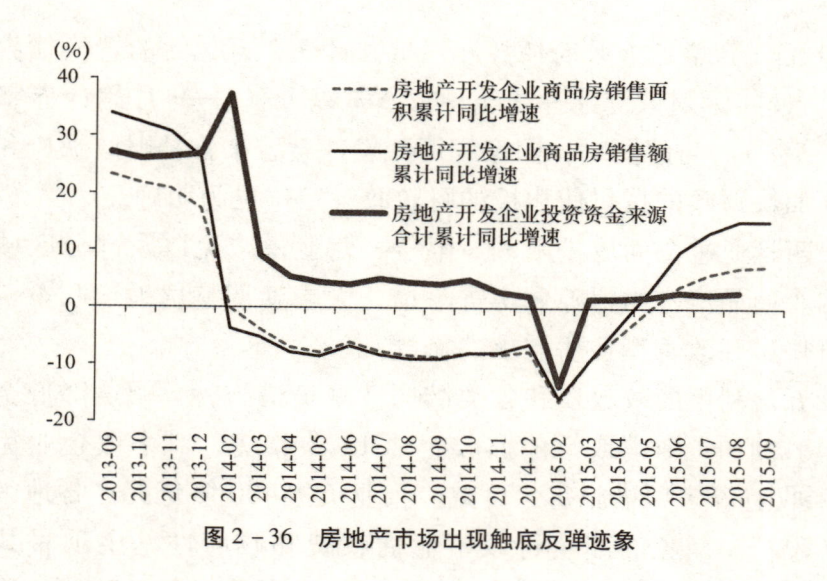

图 2-36 房地产市场出现触底反弹迹象

然而，总体上看，目前这些政策举措尚未带来全面而稳固的复苏。首先，工业不景气状况没有明显好转，近期 PMI 还出现了小幅度下滑。10 月 PMI 指数达到 49.8%，已连续 3 个月低于 50 的荣枯线。从更长远的角度看，从 2011 年年中开始，PMI 已经持续运行于荣枯线边缘达 4 年之久，这意味着制造业景气状况短期内难以出现明显好转。其次，制造业投资和房地产投资增速下滑的趋势尚未扭转，投资需求呈现加速回落的态势。1—9 月固定资产投资累计增速为 10.3%，比 2014 年同期回落了 5.8 个百分点。其中制造业投资增速为 8.3%，比 2014 年同期下滑了 5.5 个百分点，房地产投资增速为 3.8%，比 2014 年同期下滑 8.8 个百分点。

2015 年中国经济总体上处于趋势性回落和周期性下滑的阶段，各类宏观总体指标下滑较为明显，并超出市场的预期，大有开启新一轮萧条的迹象。综观 2015 年，经济下滑因素仅仅在局部领域开始止跌，经济短期探底的迹象开始出现，但宏观经济整体是否会出现稳健的反弹，还需要进一步巩固基础。

第三章

探底过程中的 2016 年

2016 年将是中国经济探底过程全面展开的一年。一方面,它将延续中国经济"新常态"攻坚期的基本逻辑,各类宏观经济指标将在趋势性力量和周期性因素的叠加作用下继续呈现下滑探底趋势;另一方面,随着内部结构调整的深化、新的增长动力机制的形成以及外部环境出现边际改善,2016 年中国经济将在持续探底中开始出现底部趋稳的迹象。2016 年中国宏观经济整体走势为前高后低,第一、第二季度经济增速继续回落,第三季度痛苦探底,第四季度出现底部趋稳的迹象。2016 年需要重点关注两大核心风险和四大重要相关问题。

一 探底的基本逻辑与预测

本轮中国经济的底部是多种周期性力量合力的产物。它不仅取决于中长期趋势因素的相对稳定,更重要的取决于各类周期性力量触底的时点和底部运行的模式。世界经济是否将在 2016 年出现二次探底?房地产投资增速下滑是否会在 2016 年第二季度成功反转?中国的债务重组是否能够缓解企业的债务压力?中国存量调整是否能够大规模启动?增量扩展是否足以弥补不平衡逆转和传统存量调整带来的缺口?宏观经济政策的再定位是否能有效改变微观主体的悲观预期,并有效阻止"通缩—债务效应"的全面显化？新一轮大改革和大调整的激励相容的动力机制是否能得到有效的构建？这些因素将一起决定本轮中国经济下行的底部以及底部下行的深度和持续的长度。

2015年第二季度本宏观经济研究团队的研究成果表明："从周期角度来看，2015年不是本轮'不对称的W形'周期调整的第二个底部，世界经济周期、中国房地产周期、中国的债务周期、库存周期、新产业培育周期以及政治经济周期决定了2016年中后期才能出现坚实的触底反弹。"这种结论的逻辑依然成立，但考虑到世界经济在2016年可能存在的变异，2015年第三、第四季度受股灾的影响较为强烈，十八届五中全会之后各类政策进行了较大的再定位，我们局部修正了中国经济底部的时点和长度，即2016年将是中国经济持续探底的一年，并在年末出现筑底趋稳的迹象，本轮底部运行的长度将持续1年左右，2017年中后期到2018年初期宏观经济将逐步回暖。

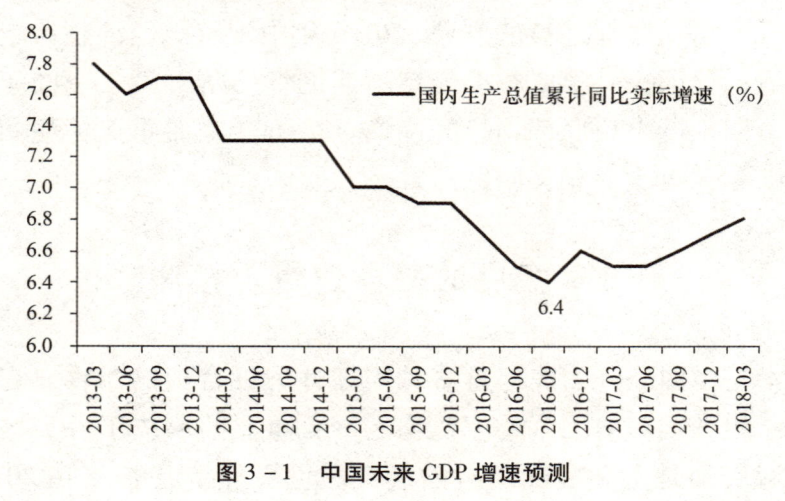

图3-1 中国未来GDP增速预测

（一）世界经济的整体反转在很大程度上决定了中国经济的外部不平衡和内部产能过剩问题的缓解。在世界经济底部未显现之前，中国经济底部难以出现。

判断世界经济底部有几个关键的指标：

第一,世界经济危机产生的核心根源——全球不平衡的问题基本解决,主要经济体的外部不平衡处于稳定状态。但从目前的数据来看,还远远没有达到底部和相对稳定的水平。按照 IMF 预测,中国外部不平衡还将持续,新兴经济体的不平衡还将扩大,美国贸易逆差还在底部运行,并且这种状况将在未来 5 年中持续。其中,中国贸易顺差占 GDP 的比重将从 2015 年的 3.1% 下降到 2020 年的 0.6%,美国贸易逆差占比将从 -2.6% 扩大到 -3.4%。

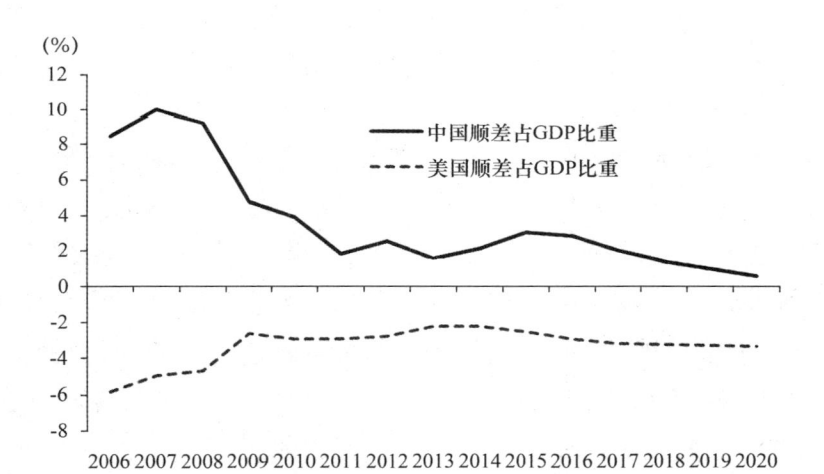

图 3-2 不平衡逆转还在进行中

第二,大宗商品需求触底反弹,其标志是大宗商品价格摆脱超级商品大周期的下行期困扰而出现反弹。从目前来看,虽然 2015 年大宗商品价格出现了深度下滑,但由于需求疲软、库存高企、供给无序竞争等因素,2016 年大宗商品价格还会出现小幅回落。按照 IMF 预测,世界大宗商品指数 2015 年为 112,较 2014 年的 171 下滑了 59 个点,而 2016 年仅为 108,较 2015 年还要继续回落 4 个点左右,2017 年将出现小幅反弹,达到 113。因此,由大宗商品价格变化趋势可以看出,全球生产将在一段时期中依然处于较为低迷的状态。

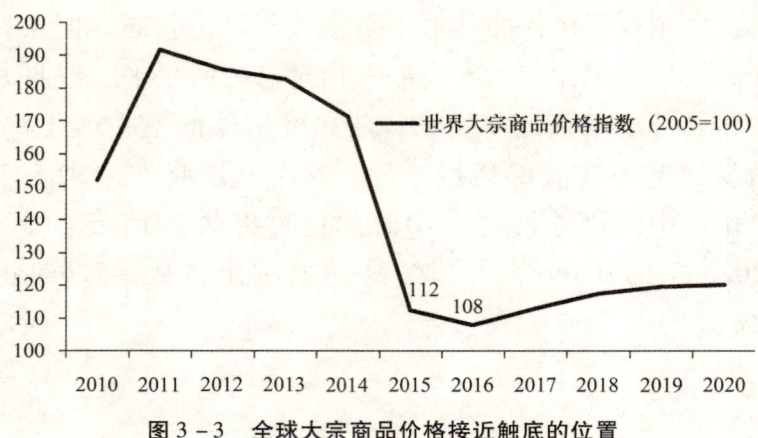

图 3-3　全球大宗商品价格接近触底的位置

第三，全球经济危机已经传递结束，不会出现进一步需求下滑或大的金融动荡，各种货币的相对汇率较为稳定。从世界经济周期传递理论来看，目前经济危机并没有结束，其核心原因就在于：（1）新兴经济体大动荡刚刚开始；（2）全球实体经济的调整大大滞后于金融的调整，不平衡逆转带来的实体投资大调整还没有全面展开，特别是新兴经济体的制造业和原材料行业的资产负债表的调整才刚刚开始；（3）各类救市措施远远没有到全面退出的时刻。

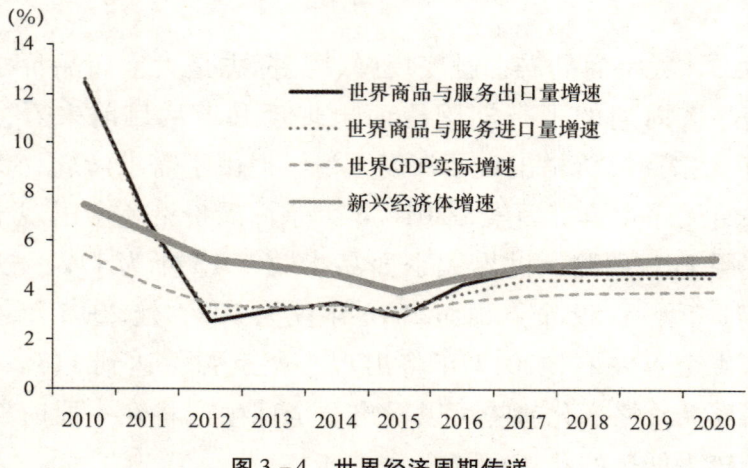

图 3-4　世界经济周期传递

虽然目前很多预测都愿意相信2015年是世界经济本轮的低点，但这种预测带有美好的期望，具有预期引导的功能。同时，这些预测也只考虑了一般状况，没有充分考虑大量的不确定性和风险的激化。从现有数据和理论研究来看，我们必须深入考虑以下四个问题：

一是美国货币政策的常态化、中国进口需求的进一步回落、国际大宗商品的持续下滑以及全球制造业前期错配带来的深层次问题的显化，这些都决定了2016年新兴经济体的动荡可能将超越以往新兴经济体所面临的各类波动。

二是各类地缘政治的超预期冲击可能导致欧洲经济复苏的夭折。例如，2015年持续发酵的难民事件可能引发欧洲强烈的民族主义，从而强化欧洲的离心力。2016—2017年英国可能会提出脱离欧盟，将加速这种离心力。同时巴黎恐怖主义事件可能导致欧洲采取更为保守的政策取向，这导致欧洲QE政策难以取得预期的效果。

三是全球投资收缩和贸易收缩并没有结束，世界宏观经济不仅缺乏统一的宏观经济政策协调，更缺乏经济反弹的增长基础和中期繁荣的基本面支撑。

四是世界危机的传递机制决定了本轮危机从金融到实体、从中心到外围的传递并没有结束，新兴经济体的资产负债表调整刚刚开始。因此，世界经济不仅面临持续低迷的状态，同时还存在"二次探底"的可能。这决定了中国不仅将面临世界贸易收缩带来的持续冲击，同时还面临全球资本异动带来的冲击。中国经济难以在世界经济探底之前成功实现周期逆转。因此，2015—2016年将是世界经济的底部，这也决定了2016—2017年中国的经济底部将陆续展开。

（二）去产能实质性的展开是决定中国经济底部的第二大因素，"僵尸企业"、高债务企业以及过剩产能行业的企业如果没有在市场力量和行政力量作用下得到全面调整，中国经济底部将难以出现。

　　从目前的数据来看，中国经济在外部不平衡大幅度逆转和内部需求增速快速下滑的作用下已经开始作出调整。但这种调整主要集中在库存的调整和一些经营行为的调整上。以企业破产、企业兼并、债务重组为手段的实质性的存量调整并未全面展开。大量资产负债率超过100%的企业依然还在运转，地方政府和银行依然向很多亏损巨大的企业进行补贴和贷款，大量呆坏账依然在展期和借新还旧中没有暴露。例如，钢铁企业整体资产负债率超过了70%，80%的企业出现了巨额亏损，但是2015年1—10月钢材的生产量同比并没有减少，只是增速从2013年的11%下滑到目前的1%。

　　但是，从中国工业企业各类绩效参数来看，中国已经步入大规模存量调整的窗口期，其核心标志就是5大重灾区的行业利润下滑迅猛，并导致所有工业企业的总体利润出现持续1年的负增长，特别是国有企业出现了下滑幅度高达30%左右的利润恶化局面。所以我们会看到，2015年包括水泥、玻璃等行业的产量出现了近20年来首次持续半年以上的负增长。其中2015年1—10月水泥同比负增长4.8%，平板玻璃同比负增长8.3%。

　　如果考虑党的十八届五中全会所作出的关于存量调整以及供给侧改革的举措，政府行政力量将在2016年大幅度促推"僵尸企业"、高负债企业、过剩产能企业的调整，我们可以预期，中国去产能的底部将加速到来，预计时间段将在2016年下半年至2017年上半年。市场空间的释放以及经济运行渠道的重新畅通将会为2017年下半年的企稳反弹打下坚实的基础。

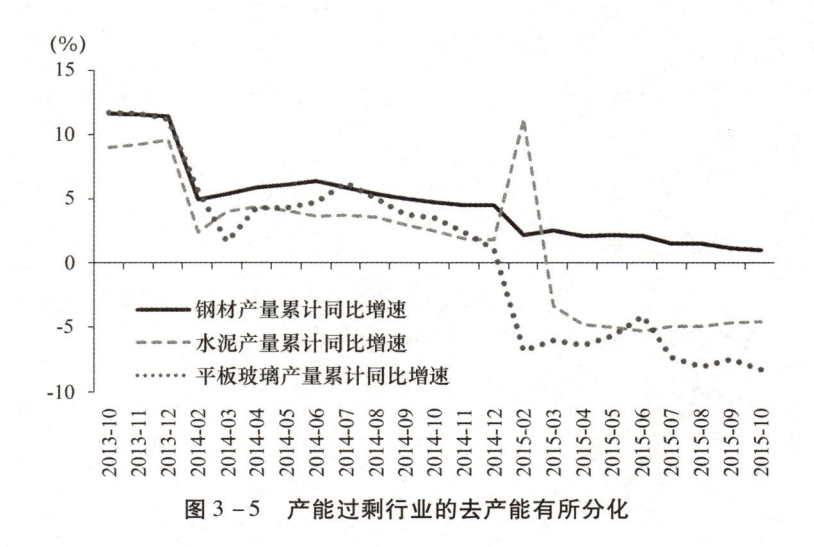

图3-5 产能过剩行业的去产能有所分化

（三）从目前库存周期来看，2014—2015年处于本轮库存周期的下行阶段。因为企业的债务率过高、市场价格紧缩以及投资预期收益下滑，使很多企业采取"现金为王"的策略，尽可能减少库存投资。企业存货占用资金的增速不仅在持续下降，而且大幅低于企业产成品增速。按照目前的推算，本轮去库存将在2016年第一季度左右出现触底反弹。

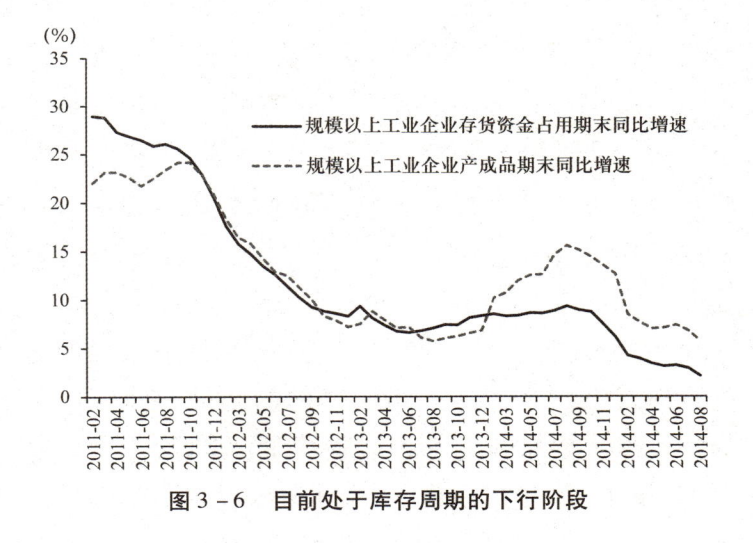

图3-6 目前处于库存周期的下行阶段

（四）房地产周期对于中国经济的作用依然巨大，房地产投资的触底和底部运行的长度也将强烈影响宏观经济触底的时点和持续的长度。

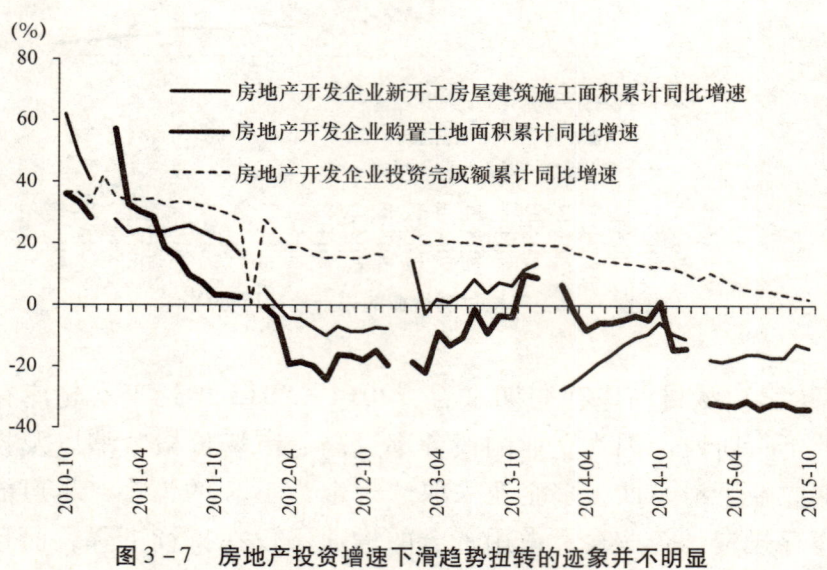

图 3-7　房地产投资增速下滑趋势扭转的迹象并不明显

目前房地产投资占中国总投资的比重仍然达到约18%，同时房地产投资还会通过产业链而影响18个行业的生产和投资。因此，房地产投资增速触底是中国宏观经济触底的先行参考点之一。按照以往房地产指标传递的规律，在房地产销售数据和价格数据转正之后的2—3个季度后房地产投资数据将出现逆转。但从目前的状况来看，这种传递关系受到以下几大因素冲击后被大大延长了：一是中国过高的库存强烈影响了房地产商资金的回笼；二是人口红利的消失强烈影响了房地产投资商的投资预期；三是传统房地产开发商与政府官员和权贵的关系在反腐运动中被打破，竞争模式已发生变异；四是过度的区域分化导致中国房地产周期调整比以往要漫长并存在复苏夭折的风险。所以我们从数据看到2015年4—5月房地产销售增速出现逆转，8月房地产价格整体出现逆转，但房地产投资增速却从2015年年初的10.5%

持续下滑到10月的2%。更为重要的是,房地产新开工施工面积1—10月同比下滑13.9%,土地购买面积同比下滑了33.8%。这预示着短期内房地产投资增速还将进一步持续下滑。目前预计2016年第一季度房地产投资增速将回落到-4%左右,在第二季度出现止跌,在各地区出台和实施各类房地产去库存扶持政策之后出现明显反弹。

(五)新旧结构交替进程中,新产业、新业态和新动力的培育状况决定了中国经济企稳反弹的基础和性质。

新产业的培育主要来自两种力量。首先是相对价格调整所带来的市场需求拉动。这种力量是新产业大幅度成长最持久的力量。2008年以来,中国不平衡发生逆转,各类相对价格参数也发生重大调整,例如贸易条件从2011年小于1转为大于1,并于2014年出现快速上升,上升幅度达到15%左右;再如工业品与服务品相对价格从2011年到达顶点之后快速下滑,从1.05下滑到目前的0.99左右,这直接带来了服务业的大繁荣。因此,中国市场导向的产业转型已经展开了近4年。与此同时,国家在公共服务、战略性新兴产业以及创新创业等方面的大量政策扶持,也带来新产业的快速发展。但必须承认的是,这些产业难以完全替代传统产业的增长动能,难以在短期内成为新型支柱产业引领中国经济新的高速增长。事实上,很多政策性扶持措施在未来还将面临过度刺激带来的后遗症。所以,2016年新产业和新动力难以阻止传统行业探底带动整体经济探底的进程。

(六)债务周期是决定本轮中国经济周期的最直接力量。2015年6—7月的大股灾加速了中国债务率的上扬,2016年中国IPO的全面重启、地方债务的加速置换以及不良资产的剥离和处置将直接决定中国债务周期运行的状况。

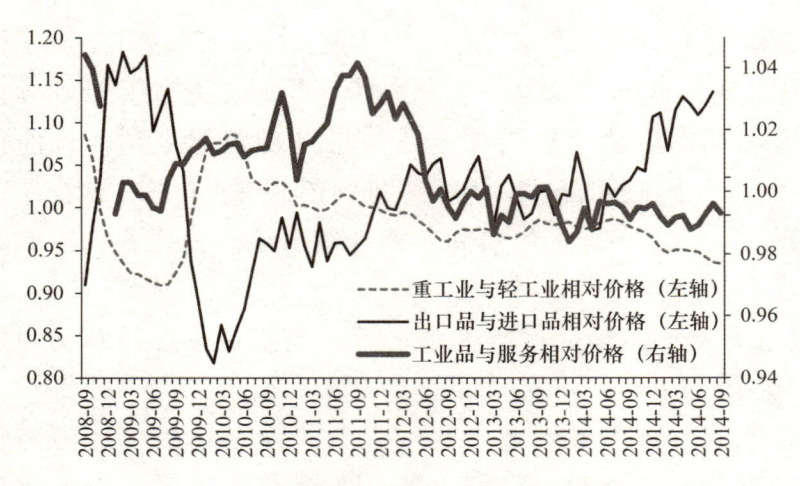

图 3-8　各类相对价格参数发生重大调整

正如本团队的研究指出的那样，2015年的股灾大大加剧了中国债务状况恶化的程度，同时也拖累了中国去杠杆和资产置换的速度。这导致我们难以通过债转股等方式来改变中国的融资结构，从而降低企业负担、使企业轻装上阵。2015年第三、第四季度中国被迫重返债务融资的路径之中，从而导致2016年的债务加速上扬，2016年估计需要偿还的债务利率将达到GDP的17%左右，总体债务率将超过260%。这种高债务率与通缩的叠加将加大2016年中国经济下滑的幅度，延迟中国经济触底的时点，延长中国经济在底部运行的长度。值得庆幸的是，国家对于目前过高的债务率和严重超过警戒线的企业债务率已经高度重视，并采取了一系列举措来化解。例如IPO的重启，高负债国有企业的重组，刚性兑付的打破，各种企业负担的减免，不良资产的剥离和资产证券化、债务置换规模的进一步扩大等。因此，我们判断2016年第二季度依然是中国资金最为紧张、企业运转困难加剧的时点，各类举措全面实施一个季度后将出现缓解的状况。

图3-9 中国债务率将持续攀升

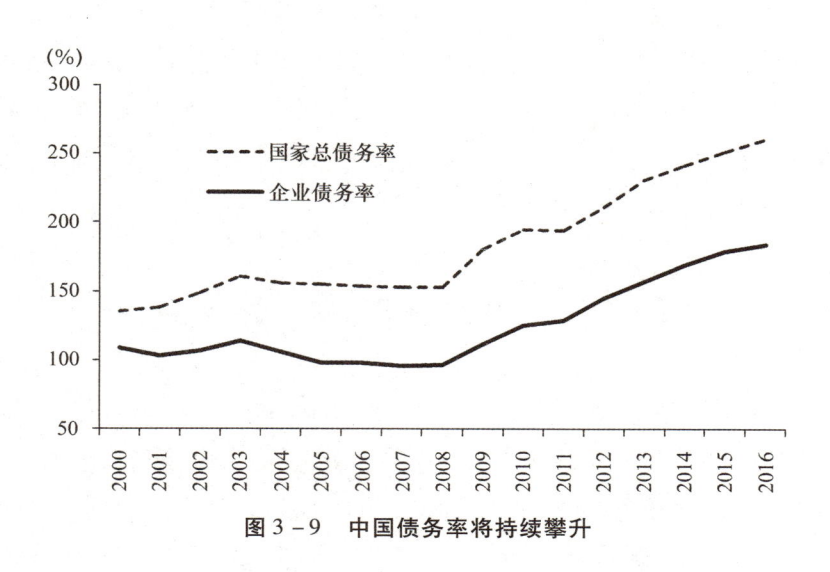

（七）新一轮大改革与大调整的激励相容的动力机制的缺乏是经济持续回落的深层次核心原因。2016年大改革与大调整的再定位是否能够构建出新一轮激励相容的动力机制是中国宏观经济能够实现触底反弹的关键。

按照中央深化改革领导小组的规划，中国各类大改革将在2015—2017年全面展开。2016年不仅是改革全面展开的一年，也是"十三五"规划的开局之年。在反腐取得阶段性胜利之后，将从运动式反腐全面进入制度性反腐，这为改革者全面重新评估改革、重新梳理下一步改革举措带来了十分重要的契机。同时，由于大破大立的逻辑依然成立，2016年经济持续下滑将为改革新动力机制的构建创造条件。因此，2017年应当能够全面扭转目前精英阶层懈怠、地方政府庸政懒政、改革难以寻找到突破口的局面。基于这种判断，2017年经济将在新动力机制和新改革红利的作用下出现明显的反弹迹象。

正是基于上述7个方面的认识，我们认为，2016年第三季度将出现本轮中期调整的低点，增长速度预计为6.4%，到2017年中后期经济增速出现小幅度回转，产出缺口出现较大幅度的收窄，名义GDP增速将保持稳定，经济运行出现相对宽松的迹象。

按照预测模型的测算，2016年全年GDP实际增速为6.6%，名义增速为6.5%；消费、投资、出口三大需求的增速分别为10.5%、9.6%、2.1%；第一产业、第二产业和第三产业的增速分别为4.0%、5.4%和8.0%。

二 2016年面临的两大类风险

2016年中国宏观经济具有巨大的不确定性，这种不确定性主要来源于我们对于潜在风险的认识和化解这些风险的应对措施。在2014年第四季度报告中我们关注的"服务业景气变化""企业绩效恶化""就业质量下降""债务风险上扬""房地产周期调整"以及"货币政策失灵"6大风险，在2015年第二季度报告中我们指出需要重点关注"增长失速与破底""通缩—债务效应""宏观大腾挪"和"宏观经济政策总体性失灵"4大类风险。2016年，上述这些风险将持续存在，并在经济持续下行的压力下进一步叠加和相互作用。这将导致2016年将集中出现两大类风险：一是微观主体行为集体性变异，从而导致内生性下滑力量加速；二是"衰退式泡沫"进一步集聚，导致金融扭曲进一步加剧，局部风险扩大。

（一）微观主体在盈利预期下降和亏损面扩大、"通货紧缩—高债务效应"的双重挤压下，其行为发生整体性变异，诱致中国经济出现加速性收缩，导致2016年经济触底的深度加剧、周期延长。

1. 企业绩效指标全面恶化

第一，企业利润全面下降。首先，工业企业利润出现负增长。2015年1—8月规模以上工业企业利润总额同比下降1.9%，增速比2014年同期回落11.9个百分点，比2013年同期下滑15.5个百分点。其中国有企业的变化出现断崖式的变化，2015年1—9月国有企业利润总额同比下滑24.7%，比2014年和2013年同期的增长速度分别回落了30.0个百分点和32.7个百分点。

(如图3-10所示)其次,上市公司利润增速也出现持续回落,几乎零增长。2015年第三季度上市公司利润总额增速只有0.4%,归属母公司股东的净利润增速仅有1.5%,比2014年同期增速分别下滑8.4个百分点和7.6个百分点,比2013年同期分别下滑14.2个百分点和12.9个百分点。

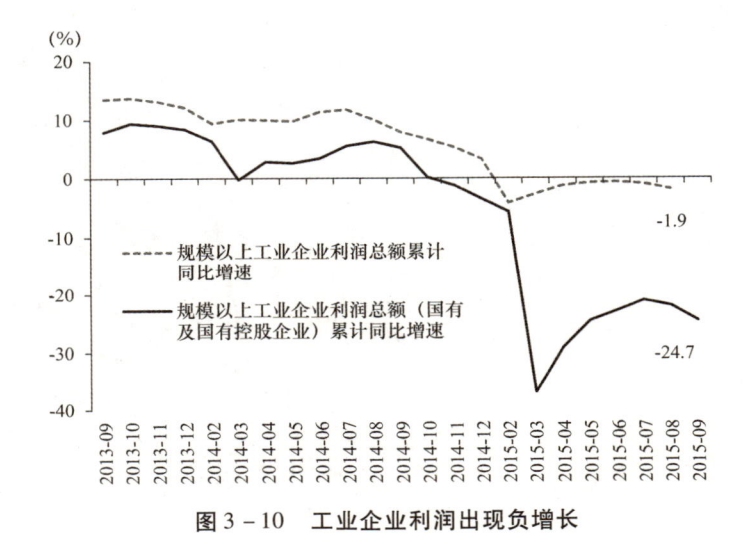

图3-10 工业企业利润出现负增长

图3-11 上市公司利润零增长

第二,企业亏损面有大幅扩散的趋势。2015年1—8月规模以上企业亏损单位数同比增长了13.6%,比2014年和2013年同期增速分别提高了10.5个百分点和11.6个百分点。相比而言，亏损企业的亏损总额提升的幅度更大，1—8月达到了22.8%，比2014年和2013年同期增速分别增加了12.9个百分点和31.0个百分点。国有企业的变化更为剧烈，1—9月的亏损总额同比增长了34.7%，比2014年和2013年分别多增长24.5个百分点和51.7个百分点。

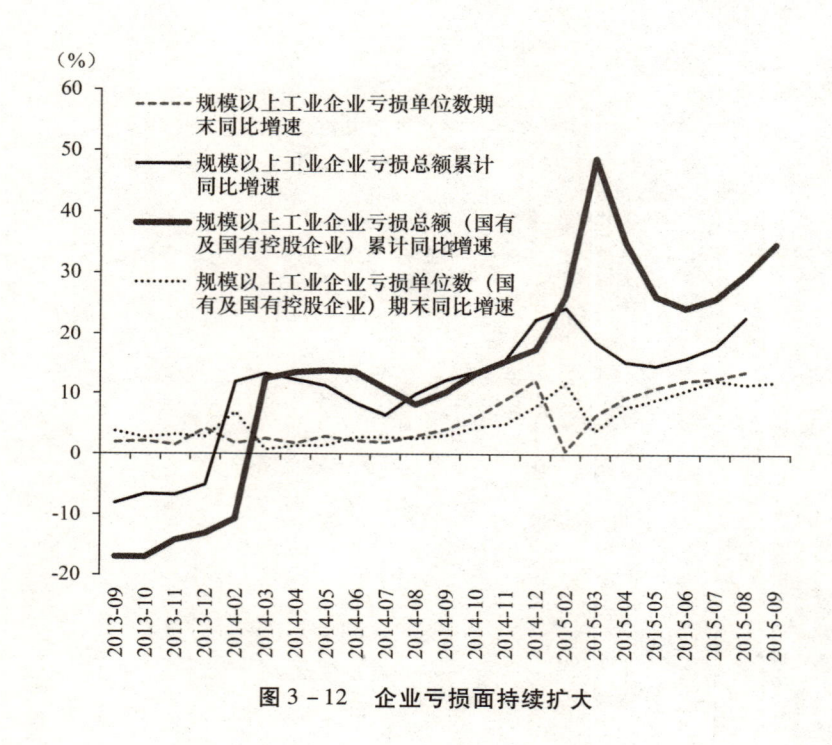

图 3-12 企业亏损面持续扩大

2. 企业债务在持续攀升中步入新阶段

中国企业债务在持续攀升中已经步入新阶段，它不仅从过去的"借债投资"的模式演化到"借新还旧"的模式，更为重要的是部分企业已经全面走向"借新还息"的阶段，中国经济可能处于资产负债表衰退的前夜。数据显示，2015年，企业部门债务占GDP的比重预计超过175%，企业偿还利息的规模预计超过GDP的11%，占新贷款总量的60%左右，部分企业必须出售资产来偿还债务。这随时可能触动各类资本市场的稳定性。

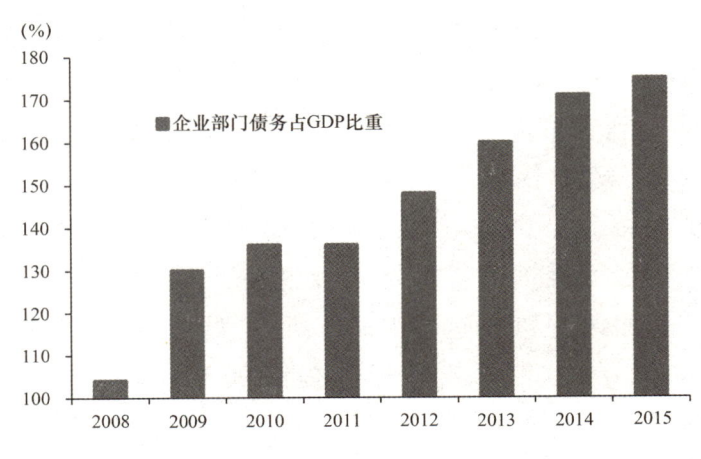

图3-13 企业部门债务水平持续攀升

企业存量债务循环消耗大量资金,已经开始全面走向"借新还息"的阶段,新增投资受到资金面的抑制。尽管2008年以来,企业发行的信用债券快速增长,然而与此同时,每年用于还本付息的资金量也在逐渐增加,而且随着债务水平的攀升,每年用于还本付息的资金在新发债中的占比呈现扩大的趋势。企业信用债还本付息规模在总发行规模中的占比,从2008年的42%上升到2014年的近60%。2015年前9个月,这一比例进一步上升至63%。大量新增资金用于偿还旧债,使得用于新增投资的资金相对减少,已经开始影响企业的投资和经营。

过快的债务增长以及企业债务过高的问题还与生产领域的通货紧缩相叠加,导致"通缩—高债务"效应出现,局部风险恶化和蔓延的程度随时可以加剧,带来的内生性紧缩效应也将更为严重。生产领域的通货紧缩与高债务率产生叠加效应,直接导致企业实际负担成本大幅度上扬。对于生产企业而言,2015年年初企业债务加权利率在8%左右。虽然2015年实行了五次降息,使融资成本降低了100多个基点,但是企业的销售价格却下滑了

5.9%，比2014年同期下滑260个基点（2.6个百分点）。因此，实际融资利率反而提升了160个基点，财务负担所挤压的利润空间超过了10%，这也是2015年企业亏损面和亏损额大幅度提升的原因之一。

3. 企业行为变异前兆初现

第一，在收益指标和价格指标的双重挤压下，企业的投资预期收益大幅度下降，导致企业出现内生性的投资需求下滑。目前企业在存货投资、贷款融资以及生产扩张等方面的增速都出现明显的加速回落。这种紧缩效应一旦形成，将产生强劲的正反馈作用，导致债务累计速度提高和外溢效应加大。例如，由于通货紧缩产生的最大冲击不是对当期财务的冲击，而是对未来财务的冲击，在企业债务率过高、市场价格紧缩以及投资预期收益下滑的情况下，很多企业采取"现金为王"策略，尽可能减少库存投资。在这种情况下，企业存货投资的增速不仅持续大幅度下降，而且显著低于企业产成品增速。2015年1—8月规模以上工业企业存货资金占款增速为2.1%，比2014年同期

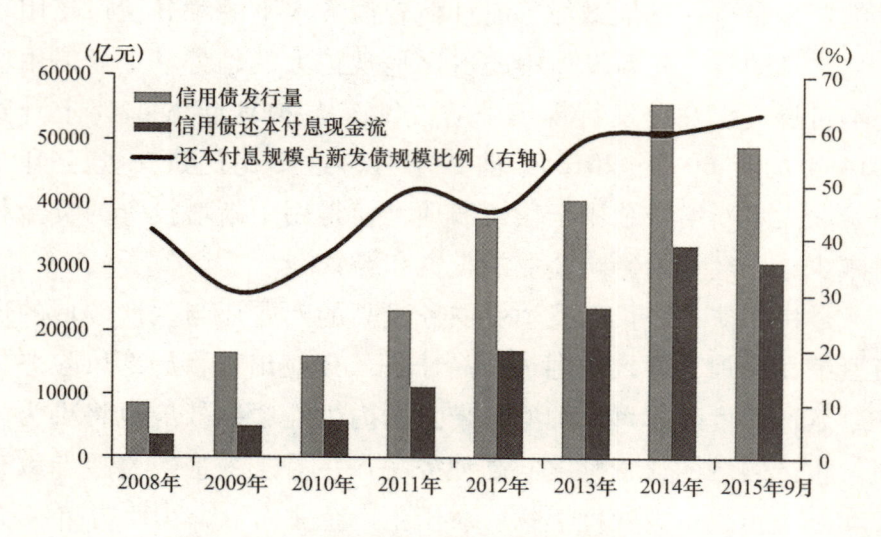

图3-14 企业已经全面走向"借新还息"的阶段

下降了 7.2 个百分点,而应收款同比增速为 7.9%,比 2014 年同期下降了 3.3 个百分点,工业企业产成品同比增速为 5.7%,比 2014 年同期下降了 9.9 个百分点。这些数据表明,宏观经济学通常所言的周期波动加速器"生产投资—存货—销售欠款"已经发生反向作用。

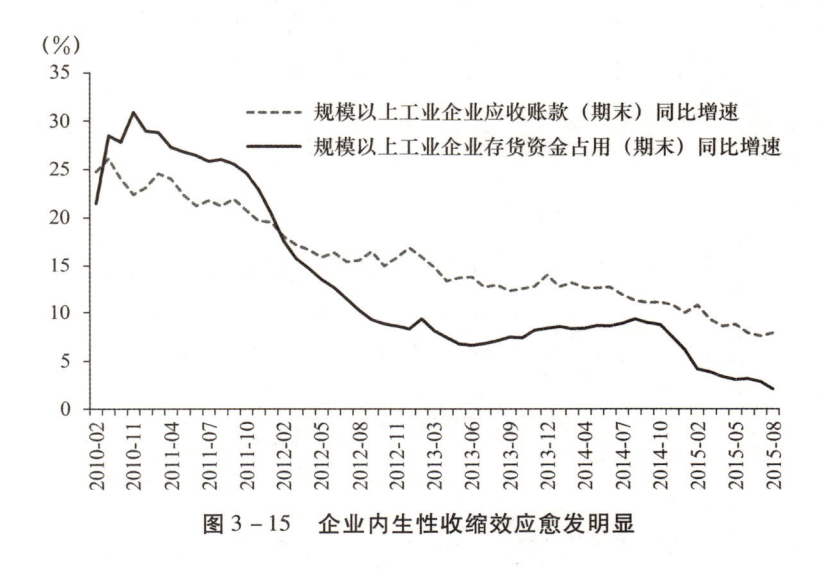

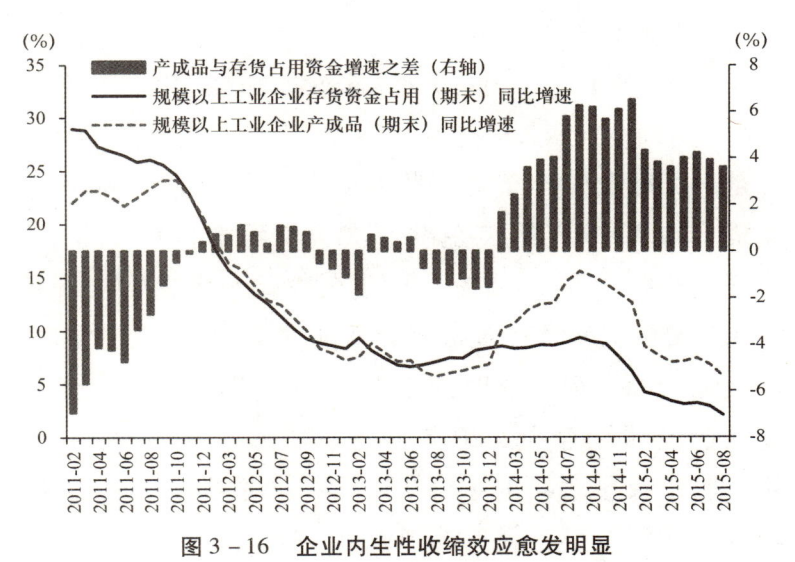

图 3-15 企业内生性收缩效应愈发明显

图 3-16 企业内生性收缩效应愈发明显

第二，中国企业债务从过去的"借债投资"的模式演化到"借新还旧"的模式，部分企业已经全面走向"借新还息"的阶段，中国经济可能处于资产负债表衰退的前夜。这一变化趋势主要体现在以下两个方面。（如图3-17所示）

一是企业资产和负债增速出现明显下滑。而且在企业资产增速的下滑过程中，流动资产和负债增速的下滑幅度高于总资产增速的下滑幅度，增速从高于总资产增速或持平转变为显著低于总资产增速。

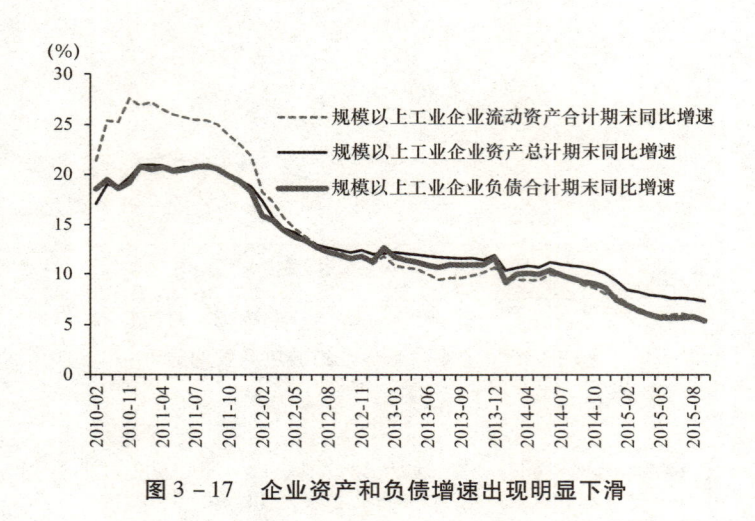

图3-17 企业资产和负债增速出现明显下滑

二是部分行业资产负债表收缩效应已经发生。例如，机械制造业总资产在2015年第二季度首次出现负增长0.54%，第三季度降幅进一步扩大至0.65%，且股东权益开始首次出现负增长，降幅达4.3%。这就意味着机械制造业在2015年第二季度开始进入资产收缩阶段，第三季度开始进入变卖资产偿债阶段。这一现象在钢铁业也同样存在。2015年第三季度，钢铁业总资产下降1.12%，股东权益大幅度下降13.72%，可见钢铁业已经开始出现大幅度变卖资产偿还债务的现象。

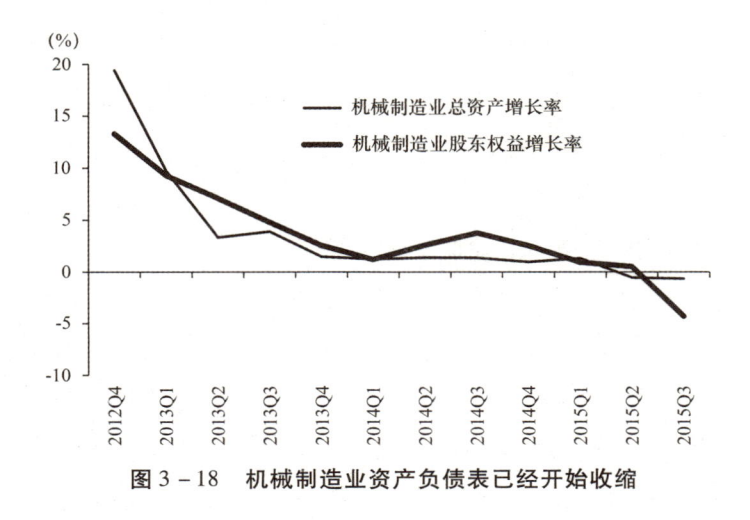

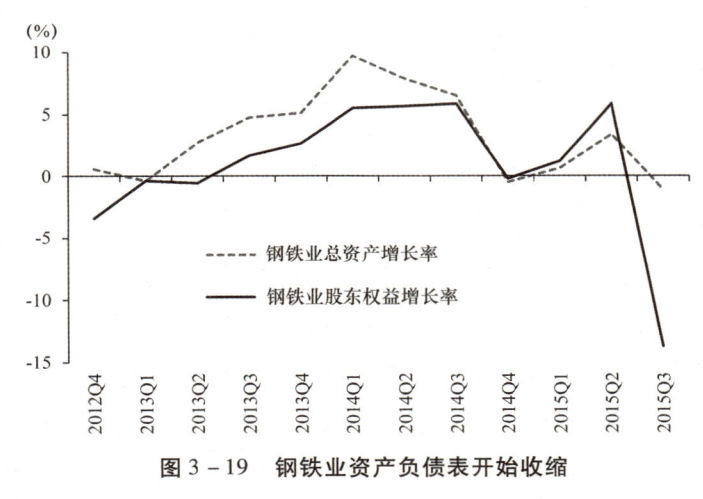

图 3-18 机械制造业资产负债表已经开始收缩

图 3-19 钢铁业资产负债表开始收缩

第三，企业用工需求下降，开始大规模裁员，甚至出现破产倒闭的现象。随着经济增速持续下滑，产能过剩行业和一些传统制造业经营困难加剧，处于破产倒闭的边缘。例如，2015年上半年以来，许多大型纺织服装类企业频频出现倒闭现象。一些知名纺织服装企业，如浙江红剑集团、温州庄吉集团、山东兰雁集团、绍兴五洋印染、东莞厚宏制衣厂、雅纶制衣、宝利嘉和维斯凯服装等，拥有职工都在几千人以上，均因经营困难从 2015 年第二季度开始陆续破产倒闭，造成大面积失业。一些国有企业虽然在勉强维持，但已经处于破产边缘。例如黑龙江龙煤矿业控股集团，拥有在册职工23.3万人，目前面临严重的经营困难和巨额亏损，截至6月已欠发职工工资13.1亿元，拖欠职工其他费用22.7亿元。

从高频数据指标看，制造业和服务业采购经理人指数（PMI）的就业分项指数已先后降至50的荣枯线以下，表明就业状况收缩。劳动力市场求人倍率指标虽然大于1，但是劳动力市场需求人数和求职人数均呈持续下降趋势，说明劳动力市场萎缩。2015年第一季度，劳动力市场需求人数和求职人数分别比2014年同期大幅度下降16.6%和17.0%，第二季度需求人数和求职人数分别下降5.4%和2.7%，总体上比2014年降幅扩大。

从实际就业表现看，首先，近两年城镇就业增长主要来自服务业的快速扩张，而二产就业却连续两年下降。2013年和2014年二产就业均出现负增长，年均下降约70万人，与2003—2012年年均增长约760万人的扩张趋势形成巨大反差。其次，农民工转移急剧放缓，"缓冲器"作用已消耗殆尽。2010—2012年农民工总量年均增长1094万人，2013年下降到633万人，2014年进一步下降到501万人。截至2015年第二季度末，农村外出务工劳动力同比仅增长0.1%，农民工外出转移几乎停滞。这说明农民工"缓冲器"作用已经消耗殆尽，经济形势的进一步恶化将会显化为失业率上升。最后，调查失业率开始出现上升。2015年9月，我国调查失业率为5.2%，比前两个月有所上升。这说明我国就业风险进入新阶段。

（二）各类"衰退式泡沫"进一步集聚，导致金融扭曲进一步加剧，局部风险扩大。

随着我国经济进入风险的集中释放期，各种"衰退性泡沫"危机接连发生。金融风险开始在击鼓传花中不断扩大，局部风险已经开始显露中国经济全局性的脆弱性。这集中体现在"民间融资困局"→"同业拆借利率飙升"→"超日债、天威债等债券违约"→"近期的大股灾"→"8月汇率恐慌"的传递。这说明了中国风险在传递中不断累积,不断放大,不断成为宏观经济异变的触发点。在2016年中国经济探底的过程中,对新的风险点的防范、释放及其治理效果,决定了中国经济企稳回升的时点和幅度。

近年来,我国经济金融系统风险不断累计和释放,资金"脱实就虚"的流动不时表现为不同类型的"衰退性泡沫",各种泡沫危机接连发生。从2010—2011年的温州和鄂尔多斯民间借贷危机,到2011—2012年的"城投债"危机,到2013年的流动性危机"同业拆借利率飙升",再到2014年的"超日债"等公司债危机,再到2015年上半年的"天威债"危机、年中的"大股灾"和下半年的汇率恐慌,各种衰退式泡沫所引发的危机接连发生。每次危机的爆发都会对市场信心和金融系统产生一定的冲击,而且危机发生的频率越来越高。那么,2016年下一个风险点会是什么?我们认为主要有以下四方面需要特别关注。

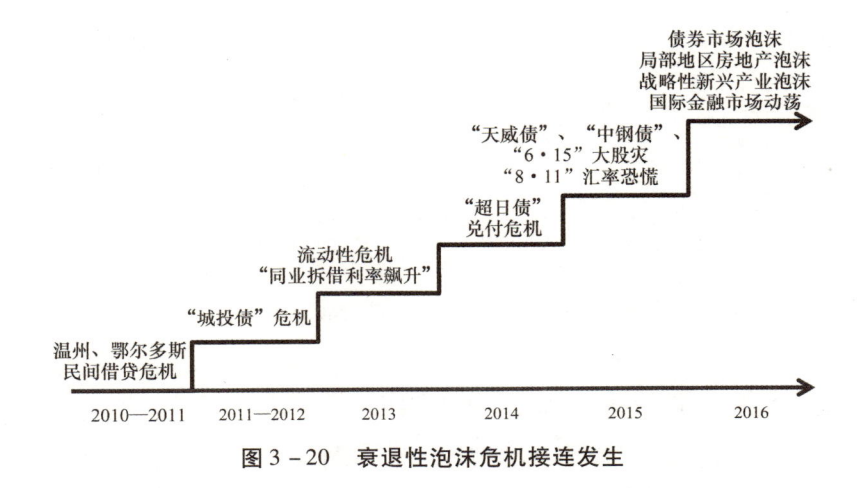

图 3 – 20 衰退性泡沫危机接连发生

1. 债券市场泡沫

股市泡沫破灭后,随着股价持续下跌和IPO暂停,股市繁荣期间筹集的巨额投机资金开始寻找新的投资替代品,资金大量流入债市，新的泡沫开始在债市酝酿。2015年6月以来，中债—新综合总值净价指数结束了过去一年多的波动走势，开始持续上涨。公司债的发行更是出现"井喷式增长"，且发行利率屡创新低。2015年1—8月，上证所共计发行公司债514支，发行总规模约为2762.5亿元，比2014年同期发行数量增长56.7%，发行总规模增长233.2%。与此同时，公司债的发行利率屡创新低，甚至与国开债倒挂。9月公司债的票面利率平均为4.54%，比2014年同期下降了1.72个百分点。9月18日，上海世茂建设有限公司成功发行60亿元5年期公司债，票面利率仅为3.9%；9月25日，万科发行50亿元5年期公司债的票面利率低至3.5%，创历史新低。

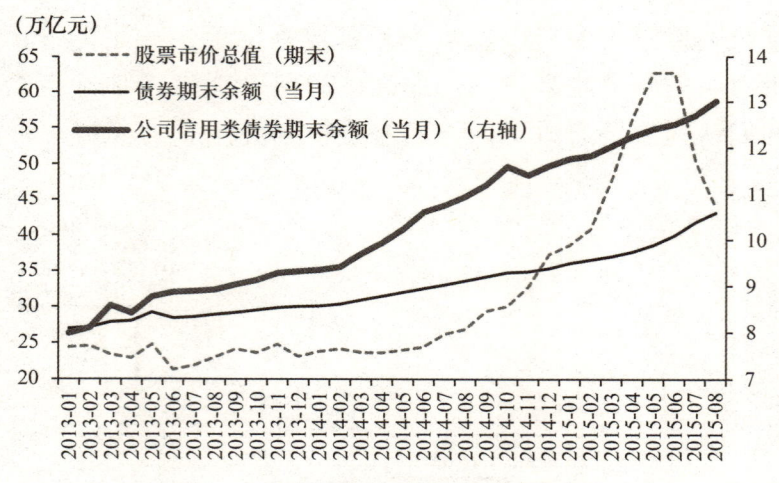

图3-21 新的泡沫开始在债券市场酝酿

从融资需求的角度讲，由于IPO暂停和P2P平台成交额相对萎缩，企业通过发债融资的需求不断增加。作为资金进入实体经济的重要渠道之一，债券市场的近期表现对于改善实体经济运行状况有一定积极作用。从资金供给的角度看，股市泡沫破灭以后，在楼市复苏相对乏力和利率走低预期下，大量投机资金流入债市寻找新的投资品。因此，可能孕育新的泡沫和市场风险。

目前市场存在的主要风险表现为杠杆率偏高、个别信用债违约以及市场对风险认识不足。由于交易所市场实行入库可质押模式,基金、券商等机构投资者为了争取利润最大化,通常会对信用债加高杠杆。未来一旦资金状况出现异常波动,将面临被迫降杠杆的压力,进而可能引发信用债的抛售。德国商业银行近日发布的一则报告称,中国债市年底大跌概率已从6月的接近于零上升至20%。与此同时,公司债违约事件也频频发生。进入第三季度以来,已有3起央企债券出现兑付危机。9月,二重集团、天威集团均出现了违约事件,10月中钢集团违约。更值得担忧的是,目前市场尚未对此作出反应,低信用等级的债券与高信用等级债券之间的利差尚未出现明显扩大。

因此,如何妥善处理股市泡沫破灭的后遗症,防范形成新的市场泡沫和系统风险,保持股票市场和债券市场相对平稳地运转,已经成为当前宏观调控的核心任务之一。

2. 局部地区房地产泡沫

2015年4月以来,受一系列宽松政策影响,房地产销售出现明显的回暖迹象。特别是6月股票市场泡沫突然破灭,政府出台一系列宽松政策救市,造成了较为充裕的流动性,股市繁荣期间筹集的巨额投机资金开始在楼市寻找新的投资品,大量投机资金进入一线城市房地产市场,新的泡沫开始在楼市酝酿。

因此,在股市陷入低迷的同时,一线城市房地产市场却在一系列宽松政策刺激下,开始出现"弱复苏"。自4月以来,房地产销售出现明显的回暖趋势。销售面积和销售额同比均从4月起止跌回升,1—9月累计值分别增长7.5%和15.3%,比2014年同期增速分别提升了16.1个百分点和24.2个百分点,比上半年也分别提升了3.6个百分点和5.3个百分点。同时,越来越多的城市房价企稳回升,全国房价环比自4月起止跌回升,同比自8月起止跌回升。然而,本轮房地产复苏具有很多不确定性,最主要的风险是,脆弱复苏中的分化加剧可能诱发严重的"虹吸效应",尤其是个别一线城市房价出现暴涨,不仅会导致局部泡沫问题,还会加剧局部地区困难和诱发系统性风险。

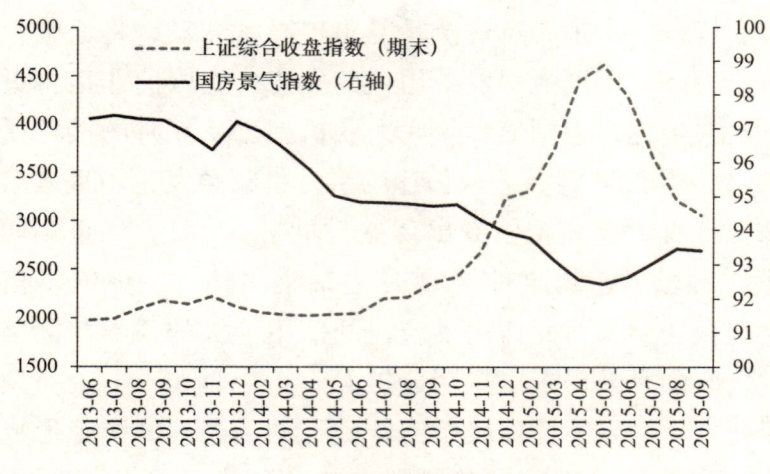

图 3-22 房市与股市景气交替

在总体复苏脆弱的局面下,当前房地产市场呈现加速分化的趋势。一方面,以深圳、北京为首的一线城市出现销售火爆的局面;另一方面,三、四线城市出现持续加速性下滑。一方面,大型房地产商在全国布局调整中出现业绩全面改善的情况;另一方面,固化在三、四线城市的小房地产商出现业绩加速性恶化。分化中复苏本是一种常态,但与前几轮房地产复苏相比,本轮复苏分化的程度和速度大大超越以往,是影响复苏走势的最大威胁因素。

脆弱复苏下市场分化加剧,可能诱发强劲的"虹吸效应":第一,大量房地产企业将重新布局开发战略,加速各类开发性资金向一、二线城市集聚;第二,三、四线城市房地产市场将进一步萧条,而不是在一、二线城市复苏的带动下出现跟随性复苏;第三,大型房地产商在全国布局调整中出现业绩改善,而小房地产开发企业将出现倒闭潮、部分县级财政的困难将进一步加剧,从而引发局部的金融风险和社会问题;第四,在目前资金链十分紧张、企业债务率高企的状况下,局部资金链的断裂或金融风险的显化很可能引发全局性的问题。

因此,脆弱中加速分化的复苏存在着巨大的变数。必须清醒地认识到:第一,局部区域的快速复苏并不一定会产生"涓滴效应",一线城市的房价暴涨可能不是复苏的福音。第二,房地产市场总体快速的上扬也不是调控的目标,新一轮房地产总体泡沫带来的危害可能比其他泡沫和前几轮房地产泡沫的风险更大。第三,一线城市在三、四线城市过度低迷的情况下出现暴涨,不仅会诱发局部泡沫问题,更重要的是这种暴涨将通过"虹吸效应"带来三、四线城市房地产市场出现崩盘的可能,从而诱发全局性的问题。

3. 战略性新兴产业泡沫

政府主导下的创新创业活动、运动式地扶持和过度补贴以及缺乏资本市场力量来甄别创新中的风险,正在引导战略性新兴产业酝酿新的泡沫。而我国针对创新创业的社会安全网尚未有效建立,缺乏为创新创业失败者打造的软着陆的"缓冲垫",运动式创新创业之后可能出现的倒闭潮将会对经济社会产生巨大冲击。

我们在看到一些战略性新兴产业逆势增长的同时,也要看到其背后是大量的政策性补贴。一旦政策性补贴取消,这些企业将缺乏足够的自生能力。一些创新企业的设立和高速增长是建立在"讲故事""炒概念题材"的基础之上,而非实实在在的市场需求。

2015年股票市场泡沫破灭已经提示了战略性新兴产业泡沫风险,同时也使这些产业的企业受到较大的冲击。因为很多股票融资是通过中小板和创业板流向中小企业和创新型企业,股票崩溃首先从创业板和中小板开始,不但使很多企业前期的投资扩张变为"烂尾工程",更为重要的是,它使这一轮崛起的创新型人才背负过度的债务,打击了全民创新和创业的信心。

从市盈率（P/E）来看，深证A股、中小板和创业板等战略性新兴产业所在的股市板块目前仍然存在明显的泡沫。例如，10月底深圳市场股票平均市盈率为45.08，中小板市盈率为56.73，创业板市盈率为94.60，虽然已经明显低于6月12日股灾发生时的历史最高点，但也仍然显著高于各自的历史水平，其对应的年收益率也均显著低于市场无风险收益率水平，与企业绩效表现明显不符。

表3-1　中国战略性新兴产业相关板块股票市场的市盈率

日期	深证A股市盈率（TTM）	中小板市盈率（TTM）	创业板市盈率（TTM）
2015-10-30	45.08	56.73	94.60
2015-06-15（股灾日）	69.92	85.65	143.52
2014-12-31	35.94	42.59	63.76
2013-12-31	29.26	35.94	60.30
2012-12-31	26.97	28.33	34.35
2011-12-30	23.06	26.81	36.07
2010-12-31	39.67	48.99	70.75
2009-12-31	76.45	55.31	79.09
2008-12-31	17.57	21.91	—
2007-12-28	58.32	68.59	—
2006-12-29	51.67	39.95	—
2005-12-30	34.92	21.69	—
2004-12-31	27.16	31.36	—

4. 国际金融市场动荡

从未来世界经济与国际资本市场的走向来看，不仅全球外部需求将进一步低迷，而且以新兴经济体为主的金融大动荡和经济下滑可能进一步直接挤压中国经济复苏的空间，并成为中国宏观风险的下一个暴露点。特别是人民币汇率波动以及中国资本的外逃是可能继股灾之后诱发中国风险的关键点。

2015年受美联储加息预期等因素影响，导致资金大量外流，给我国外汇市场和金融市场造成了巨大的冲击。一个重要的观测指标是我国外汇占款余额变动情况。2015年9月末，我国外汇占款余额为27.4万亿人民币，比2014年年底的29.4万亿人民币减少了2万亿人民币。尤其是8月汇率改革以来，资本呈加速外流的趋势，8月和9月外汇占款分别减少了7238亿元和7613亿元人民币。资本大量外流造成我国外汇市场和金融市场出现巨大的波动。

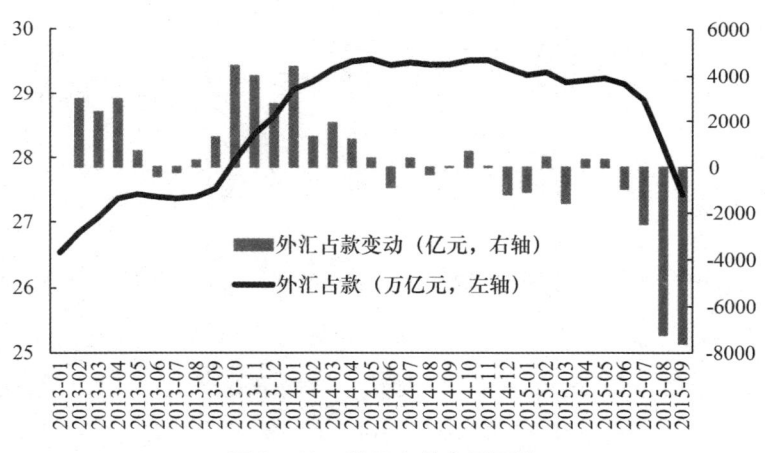

图 3-23 外汇占款急剧下降

不仅如此，资本外流还给我国企业信贷造成了不利影响。2015年1—9月社会融资规模比2014年同期减少7.7%，其中一个重要因素就是外币贷款下降。1—9月外币贷款为-2659.1亿元，比2014年同期的3756亿元减少6415.1亿元，减少率为170.8%。这给企业信贷融资增加了额外的压力。

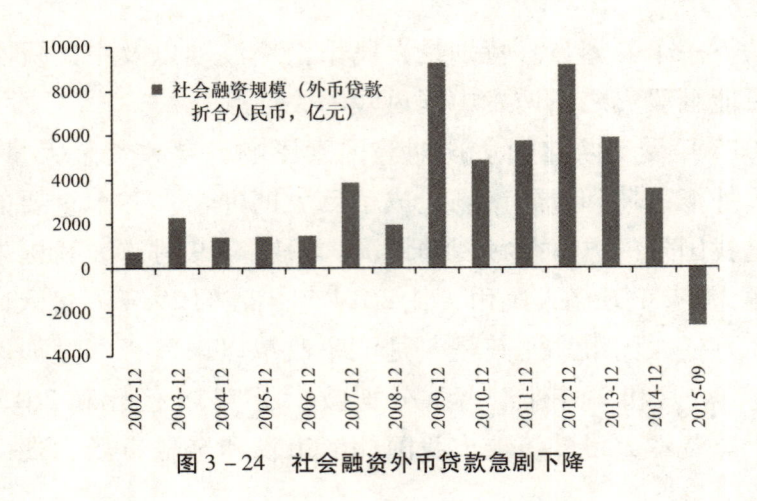

图3-24 社会融资外币贷款急剧下降

因此，如果2016年国际金融市场动荡，导致资本大进大出，将给中国经济金融系统稳定带来重大风险，并进一步直接挤压中国经济复苏的空间，成为中国宏观风险的下一个暴露点。

三 2016年四个重点关注的问题

2016年，与上述两大核心风险相关联的是以下四个需要重点关注的问题。

（一）新一轮大改革和大调整的激励相容的动力机制是否得到有效构建。2016年亟须构建新的利益共容激励体系。驱动经济增长最根本的动力激励机制已经被打破，但适应新常态的利益共容体系和激励机制却没有出现；反腐倡廉和全面整顿堵住了很多的"歪门"和"旁门"，但却没有很好地开启"正门"；各级精英阶层的积极性呈现消退的态势，各类传统的共谋格局被打破，但却没有围绕"新常态"改革调整的阶段使命，形成一致行动和良性合力。这主要体现在以下三个方面：

1. 各级政府官员特别是基层政府官员"懒政""庸政"现象不断蔓延，传统的政绩考核体系已经被打破，但新的政绩考核和激励体系却没有建立，政府改革的主动性和创新性大幅度下滑，各级政府都宁愿墨守成规，让大量财政资金趴在账上，也不愿积极打破陈规，进行积极探索。这导致各类宏观经济政策缺乏基层推动和实施抓手，出现整体性的失灵。

政府行为模式变异造成积极的财政政策不积极，财政紧缩效应十分明显。具体体现在以下三个方面：

一是虽然政府项目投资力度一直很大，但项目的资金到位率、项目的开工率等十分缓慢。根据审计署最新发布的2015年《稳增长促改革调结构惠民生防风险政策措施贯彻落实情况跟踪审计结果公告》，一些重点项目和民生项目建设推进缓慢。（1）部分重点项目建设推进缓慢。在审计的815个建设项目中有193个项目（占23.7%）的实施进度明显滞后，涉及投资2868.6亿元（占40.5%）。其中，在建的333个铁路项目中，有99个项目年度投资计划完成率低于50%，涉及投资1737.2亿元，其中20个项目年度投资计划完成率不足10%，1个建成项目闲置19个月，11.75亿元投资未发挥效益。29个省2015年度重大农业节水工程中央投资124.3亿元，仅完成7.1亿元，进展缓慢。4个省的7个国家高速公路网"断头路"应开工未开工；两个省部分公路建设项目进展滞后。南方电网和中国移动、中国联通、中国电信三大电信运营商部分工程项目建设进度滞后。此外，发展改革委以前年度受理的审批或核准项目办理不及时。（2）一些民生政策贯彻落实不到位，有关项目推进缓慢。在保障性住房建设方面，11个省保障性安居工程项目推进缓慢；7个省的12个市县及单位虚报保障性安居工程开工或完工量达14450套；5个省的5个市县已建成的5.75万套保障性住房闲置。在农村危房改造方面，开工率较低，部分已建成的安居房闲置或被挪作他用。2015年中央安排的农村危房改造任务432万户已开工245.3万户（占56.8%），10个省因前期准备不充分、配套资金到位晚等原因开工率不足50%；3个省的部分地区虚报开工任务量、长期闲置已建成安居房或改变用途。

二是财政支出增速放缓,尤其是地方政府财政支出增速出现显著下滑。2015 年 1—9 月的全国公共财政支出增速为 15.1%,比 2014 年同期增速仅提高 1.9 个百分点。如果考虑政府对于土地出让支出大幅度减少,政府总支出的增速比以往有一定幅度的下滑。不仅如此,地方财政支出增速相对中央财政支出力度明显回落。2010—2013 年地方财政支出增速大幅度高于中央财政支出增速,2014 年开始基本持平,2015 年已经开始明显低于中央财政支出增速。2015 年 1—9 月中央公共财政支出增速为 15.3%,比 2014 年同期增速提高了 3.5 个百分点,而地方公共财政支出增速为 15.0%,比 2014 年同期增速仅提高 1.5 个百分点。

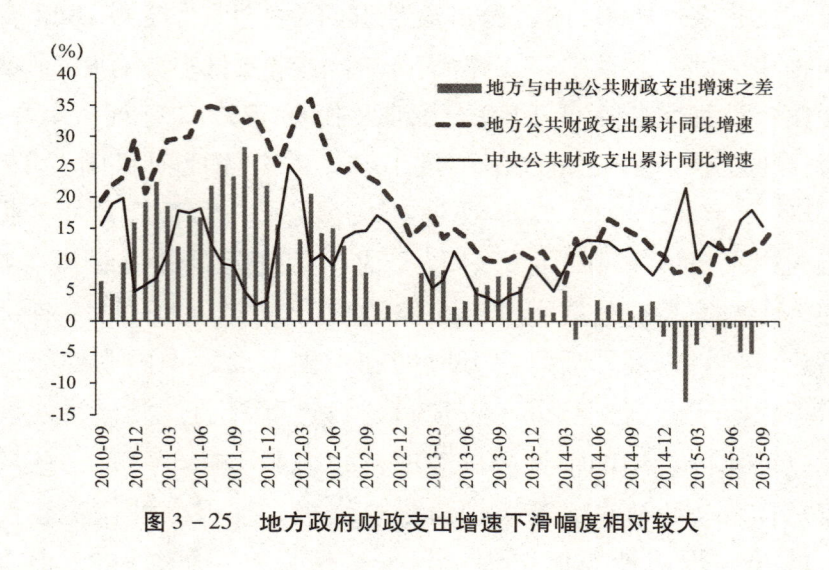

图 3-25 地方政府财政支出增速下滑幅度相对较大

三是财政性存款高位运行。2015 年 9 月底,财政性存款为 4.11 万亿元,比 2014 年同期小幅度下降 0.55%,加上机关团体存款后,政府存款合计达 25.04 万亿元,比 2014 年同期大幅度增长 11.46%。由于财务监控收紧等原因,财政拨付和使用的进度比预期要慢。根据审计署最新的《审计结果公告》,各政府部门在财政资金统筹盘活方面行动迟缓。抽查农林水、扶贫、社会保障与就业、城乡社区事务、保障性安居工程、养老服务等重点民生领域的476.78亿元财政存量资金发现，22个省的33个项目141.76亿元资金（占29.7%）由于制度规定制约、预算与项目实施不协调、项目审批时间长、已完成项目资金未及时统筹等原因，未得到有效利用。部分中央部门和地区清理盘活存量资金不彻底、不及时。例如，车辆购置税补助地方建设项目资金大量结转结余；中央本级政府性基金及一般公共预算中部分专项转移支付资金批复下达较慢。国税系统和民航局存量资金清理盘活不到位，以前年度结余资金收回后未及时形成实际支出，形成二次沉淀。一些省份，如内蒙古自治区存量资金盘活不到位，7.97亿元财政资金结余在部门。

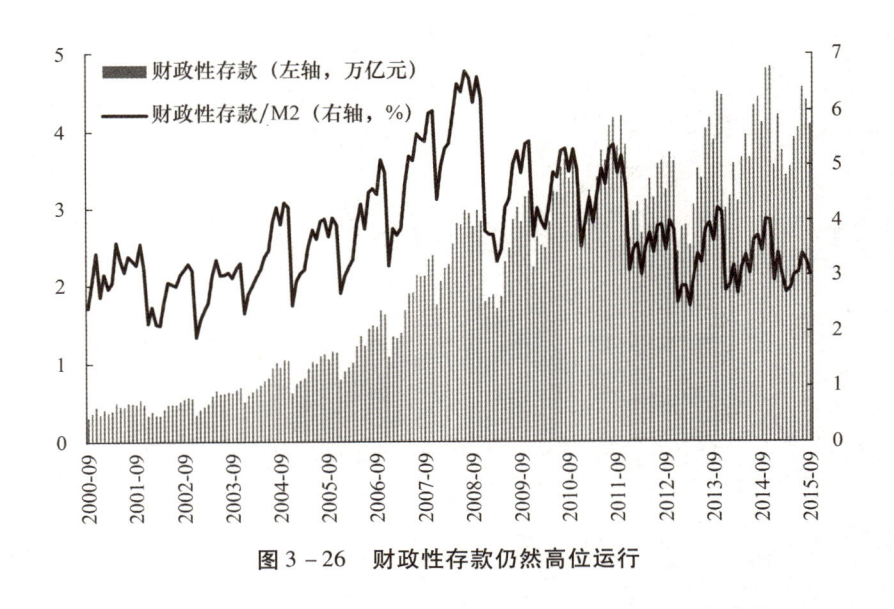

图 3-26 财政性存款仍然高位运行

2. 传统的官商关系和政企关系被打破，但新的政商关系却没有形成，政府资本和民间资本之间的利益共同体被打破，而新的合作关系和信任关系又没有构建起来，导致政府资本难以大规模启动民间资本，政府项目投资产生的刺激效率大幅度下降。

企业家特别是民营企业家与政府的关系渐行渐远，地方政府不仅没有成为地方经济的发动机和火车头，反而因为持续拖欠大量中小企业的工程欠款，成为地方经济的拖累。很多企业宁愿没有订单，也不愿与政府项目发生密切关系。这导致 PPP 模式难以推行，地方基础设施项目难以按照传统的模式展开，很多民营企业家在严重的"原罪"思想的压力下，投资意愿下降，资本外逃的现象也日渐严重。一个突出的表现是，政府资金撬动社会资金进行固定资产投资的效率持续大幅度下滑。固定资产投资资金来源中，企业自有资金与政府预算资金之比近年来持续下滑，2015 年 1—10 月累计值为 3.4 倍，比 2014 年和 2013 年同期分别下降 0.8 倍和 1.1 倍，比 2012 年和 2011 年分别下降 1.5 倍和 2.2 倍。这说明政府项目投资产生的刺激效率在大幅度下降。

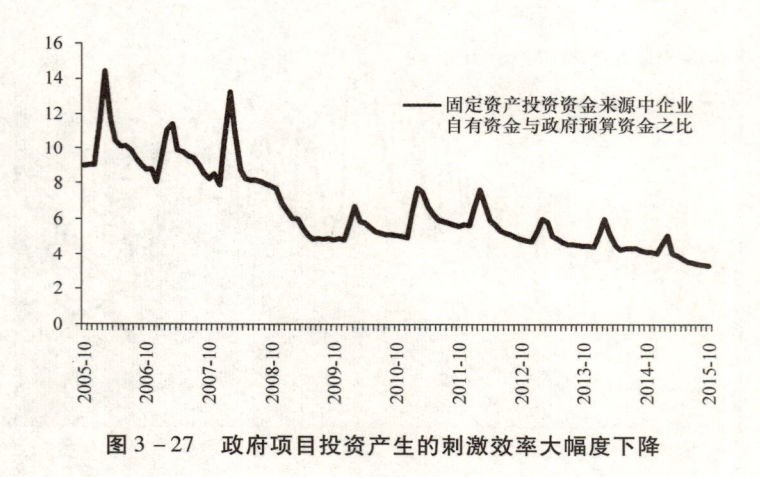

图 3-27　政府项目投资产生的刺激效率大幅度下降

3. 科技创新人员受到现有财务审计和财务报销制度的困扰，大量高级科研人员和知识分子愿申报项目，不愿承担科研项目。这导致大量科研经费宁愿大规模趴在账上、被财政收回。具体体现在以下两方面。

第一，机关团体存款持续快速增长。2015 年 9 月，机关团体存款为 20.93 万亿元，比 2014 年同期大幅增长 14.17%。机关团体存款与广义货币 M2 的比例也处于持续增长的趋势，2015 年 9 月达到 15.39%，比 2014 年同期提高 0.14 个百分点。其中一个重要原因就是由于财务监控收紧,科研经费拨付和使用的进度比预期要慢。

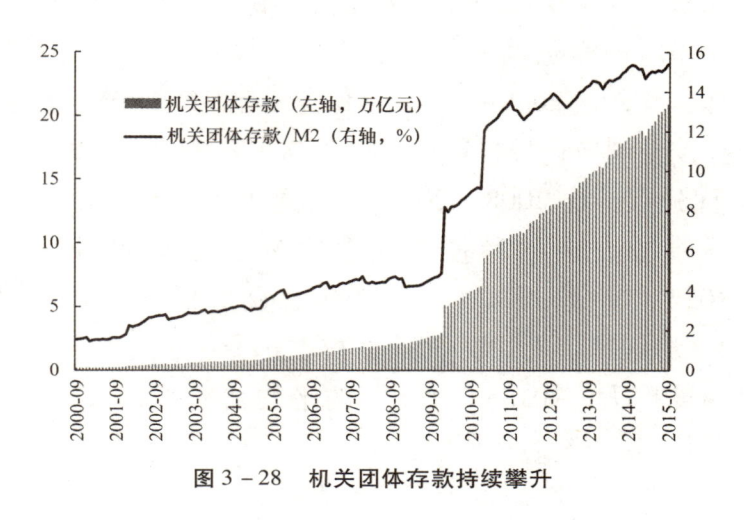

图3-28 机关团体存款持续攀升

第二,科研人员经费支出和取得的科研成果均出现显著的增速下滑。

首先,普通高校科研经费支出增速出现持续大幅度下滑。2014年普通高校科研经费支出增速仅有4.8%,比2013年下滑了5.0个百分点,比2008—2012年平均增速下滑了15.2个百分点。

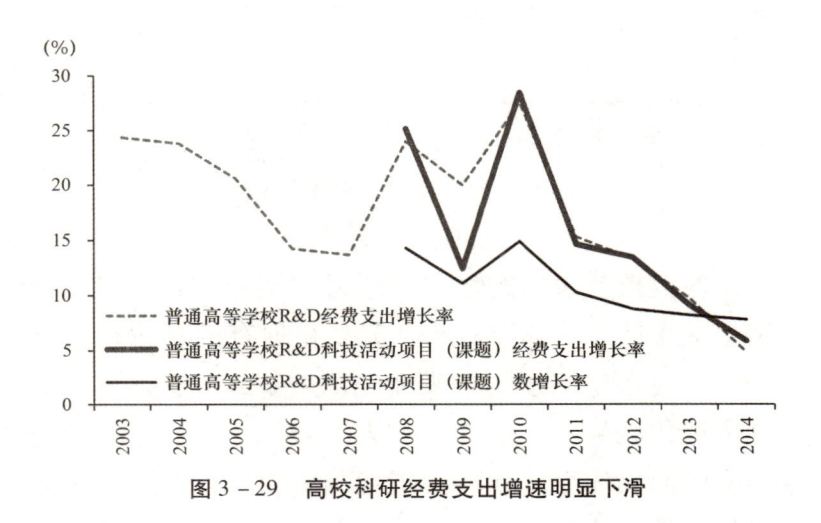

图3-29 高校科研经费支出增速明显下滑

其次，普通高校专利申请受理数和授权数增速出现大幅度下滑，尤其是更能反映科研成果情况的专利申请授权数增速下滑幅度更大。2014年普通高校专利申请受理数为12%，比2013年下滑6个百分点，比2008—2012年增速下滑18.8个百分点。2014年普通高校专利申请授权数增速仅为0.1%，增速比2013年下滑13.8个百分点，比2008—2012年增速下滑39.5个百分点。此外，普通高校发表的科技论文数增速也出现大幅度的下滑，2013—2014年平均增速只有1.5%，显著低于2008—2012年4.3%的平均增速。其中，普通高校在国外发表的科技论文数增速下滑幅度更大，2013—2014年的平均增速为11%，显著低于2008—2012年16%的平均增速。

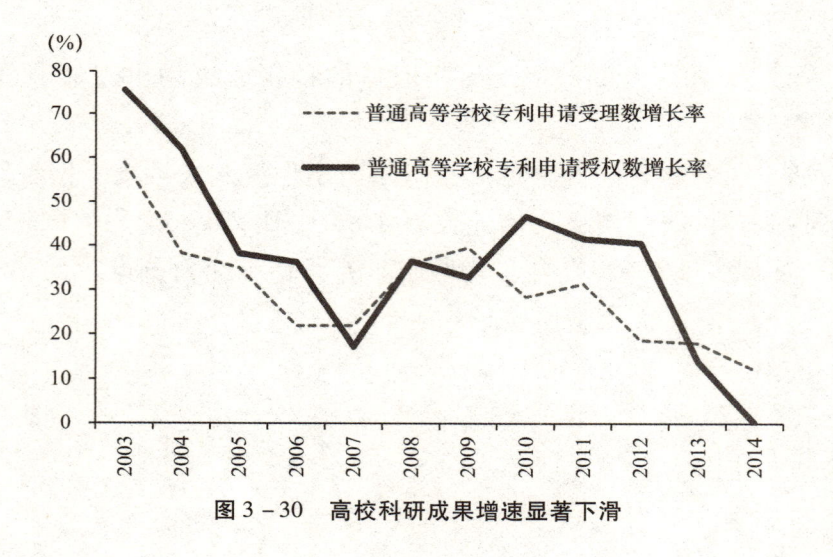

图3-30 高校科研成果增速显著下滑

因此，各级精英阶层的懈怠已经成为当前经济滑坡的十分重要的原因之一。改革开放30年的实践和现有的理论研究成果表明，一个国家要实现持续的繁荣和经济增长，其核心并不在于技术红利、全球化红利、产业红利和人口红利，而在于我们必须形成利益共容的激励体系，使各阶层精英的目标函数与实现经济增长的目标相一致，能够在满足经济资源配置最优的进程中同时达到各阶层的利益最大化。要走出目前中国经济的困局，不仅在于整体宏观经济政策定位要进行积极调整和再定位，更为重要的是，我们要在改革中快速构建新的利益共容的激励体系，全面调动各级精英阶层的积极性，使之以党中央为核心，形成新时期推动改革转型的动力源。

因此，及时有效地建立新的利益共容激励体系，是2016年中国经济需要重点关注和解决的问题。充分调动各精英阶层的积极性，形成大家敢干事、想干事、科学做事的新气象。

（二）房地产市场复苏情况，特别是房地产投资是否会在2016年第二季度成功反转。房地产市场复苏状况很大程度上决定了2016年的经济增速。尽管房地产销售已经出现明显的回暖，但2016年房地产市场复苏可能不会一帆风顺，不仅复苏过程会比想象中漫长，而且脆弱复苏下市场分化加剧还可能诱发"虹吸效应"，加重局部地区困难和引发系统性风险。

1. 房地产市场复苏会比想象中漫长

自2015年4月以来，受房地产"3·30新政"等一系列宽松政策影响，房地产销售出现明显的回暖趋势。销售额和销售面积同比均从4月起止跌回升，1—8月累计值分别增长15.3%和7.2%。同时，越来越多的城市房价企稳回升，全国房价环比自4月起止跌回升，同比自8月起止跌回升，个别城市房价甚至出现暴涨。因此，很多人乐观地认为房地产市场即将迎来新一轮复苏。

然而，我们分析认为，房地产市场复苏可能不会一帆风顺，过程会比想象的漫长。从与经济增长更相关的房地产供给因素看，无论是房地产投资、新开工还是土地购置指标都显示，房地产市场仍处于疲态，远未呈现复苏态势。首先，房地产投资增速继续呈下滑趋势，投资增长率从2013年的19.8%下降到2014年的10.5%，2015年1—9月进一步下滑至2.6%，增速比1—8月回落0.9个百分点。其次，房地产新开工量呈现更加紧缩性趋势，新开工面积增长率从 2013 年的 13.5% 下降到 2014 年负增长 10.7%，2015 年 1—9 月进一步下滑至负增长 12.6%，降幅比 1—8 月收窄 4.2 个百分点。最后，从土地购置指标看，房地产商投资后市的积极性也严重不足。土地购置面积从 2013 年增长 8.8% 下降到 2014 年负增长 14.0%，2015 年 1—9 月进一步大幅度下滑至负增长 33.8%，降幅比 1—8 月扩大 1.7 个百分点。土地交易额从 2013 年增长 33.9% 下降到 2014 年的 1.0%，2015 年 1—9 月进一步大幅度下滑至负增长 27.5%，降幅比 1—8 月扩大了 2.9 个百分点。

房地产企业资金面持续承受压力。2014 年以来，房地产开发企业实际到位资金增长率从 2013 年近 30% 的高增长，急剧下滑至接近零增长甚至是负增长，特别是银行贷款和自筹资金增速下滑更快。

2015 年 9 月，综合反映全国房地产行业景气度的国房景气指数为 93.40，比上月下降 0.06 点，处于深度不景气区间，短期内实现强劲复苏的难度很大。

综合各方面情况看，目前房地产市场总体表现依然脆弱乏力，从销售回暖向新开工和投资传导的滞后期比以往更加漫长。主要有以下三方面原因。一是不同于以往房地产周期多是由于针对市场过热的紧缩性调控政策所导致，本轮市场疲软主要是由房地产库存水平过高造成的，这与以往周期具有很大不同。根据我们的测算，目前房地产库存是销售量的 2—3 倍，显著高于历史平均水平，而且未来随着人口红利的消失，库存压力还会进一步加大。这也是目前房地产市场呈现"量增价稳、投资暗淡"的"弱复苏"态势的主要原因。开发商去库存压力大，普遍采取"以价换量"的营销策略和"稳步撤退"的发展战略。在这种情况下，后续投资很难有力跟进，对经济增长的拉动作用也很有限。二是"反腐"对房地产市场需求客观上产生抑制作用，也降低了政府与房企的合作热情。三是整顿"影子银行"和信托业务对房企资金来源造成很大冲击，特别是难以通过银行贷款获得资金的中小房企，目前面临较大资金压力和流动性风险。实际上，现阶段正处于房企债务集中到期偿付的风险释放期，需要密切关注。

在合理假设下，我们对房地产市场调整过程进行模拟分析表明，本轮市场调整将会持续多年，并在调整初期对投资和经济增长产生较大不利影响。就2016年而言，房地产固定资本形成总额可能会下降5.7个百分点，致使GDP增长率下降约0.51个百分点。

2. 房地产市场复苏存在夭折的风险

本轮房地产市场复苏不仅会比想象中漫长，而且存在很大不确定性，最终可能会出现夭折。主要存在两大风险。一是短期宏观经济出现断崖式下滑，导致居民收入预期急剧下降，造成市场恐慌，房地产市场复苏将昙花一现，并反过来进一步加剧经济下滑，陷入紧缩链条。二是脆弱复苏下市场分化加剧可能诱发严重的"虹吸效应"，不仅会导致局部泡沫问题，还会加重局部地区困难和诱发系统性风险。

我们认为，短期内，第一种风险实现的可能性还不是很大，相比之下，第二种风险更值得警惕。分化中复苏本是一种常态，但与前几轮房地产复苏相比，本轮复苏分化的程度大大超越以往。这主要由供给和需求两方面因素所导致。在供给方面，房地产库存在城市间分布极度不均衡，造成各地房地产市场对"新政"的反应迥异。近几年来，首先，一、二线城市库存水平大体保持了稳定，局部地区供不应求，然而，三、四线城市普遍存在严重的供给过剩，库存水平急剧攀升。其次，由于中小房企不像大型房企那样容易从银行获得贷款，近年整顿"影子银行"和信托业务对中小房企资金的冲击更为严重，使其面临严峻的资金压力和流动性风险。

在需求方面，首先，随着户籍制度放开和城市化质量的提高，人口进一步向大中城市集中，很多投资性和改善性住房需求向一、二线城市转移，三、四线城市房地产库存压力进一步加剧。其次，一、二线城市购房主体为中高收入阶层，在市场不确定性加大的情况下，进一步向一线城市配置资产来规避风险；而三、四线城市购房主体为农民工，就业和工资增长受近年宏观经济下行冲击很大，购房需求受到严重影响。

脆弱复苏中市场分化加剧，可能诱发强劲的"虹吸效应"：第一，大量房地产企业将重新布局开发战略，加速各类开发性资金向一、二线城市集聚。第二，三、四线城市房地产市场将进一步萧条，而不是在一、二线城市复苏的带动下出现跟随性复苏。第三，大型房地产商在全国布局调整中出现业绩改善，而小房地产开发企业将出现倒闭潮，部分县级财政的困难将进一步加剧，从而引发局部的金融风险和社会问题。第四，在目前资金链十分紧张、企业债务率高企的状况下，局部资金链断裂或金融风险显化很可能引发全局性的问题。因此，脆弱中加速分化的复苏存在着巨大的变数。

（三）外部经济环境变化，特别是世界经济是否将在2016年出现二次探底。2016年全球外部需求低迷对中国出口造成了巨大压力，直接挤压中国经济复苏的空间，而国际金融市场动荡又会加剧中国经济的脆弱性。在外部经济环境中，尤其值得关注的是新兴市场经济体的形势变化。

1. 外部需求通过影响中国对外贸易，可能会给中国经济增长带来较大压力。受外部需求疲软等因素影响，2015年中国对外贸易额增速急剧下滑，并出现自2009年以来首次出口和进口"双下降"。2015年1—9月，中国出口额和进口额分别下降1.9%和20.4%。同时，出口商品和进口商品价格指数也均在负值区间运行，8月分别为－3.5%和－15%。这也是自2009年以来首次出现出口和进口价格指数"双下降"。两个非对称的"双下降"反映外部需求已经极度疲软，中国经济实现中高速增长必须更多地依赖和激发国内需求的增长,甚至通过自身增长带动全球增长。

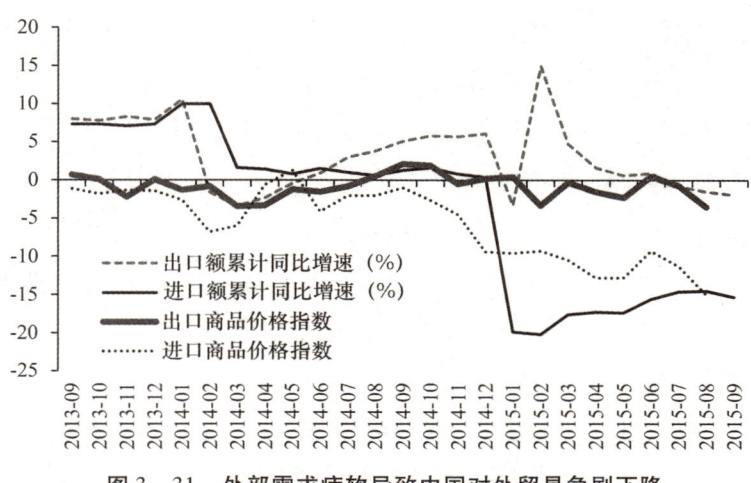

图3-31 外部需求疲软导致中国对外贸易急剧下降

从目前国际机构和市场的预期看,2015年将是本轮全球经济周期的底部,2016年全球经济增速和物价水平都将有所回升,这将有利于中国经济实现筑底回升。IMF对2016年全球经济增速的预测为3.6%,高于2015年3.1%的预测和2014年3.4%的实际增速;对2016年全球CPI的预测为3.3%,也高于对其2015年3.2%的预测,不过低于2014年3.5%的实际增速。分组来看,IMF对发达经济体的经济增速和物价的预期有所上升,对2016年发达经济体增速预测为2.2%,高于2015年2.0%的预测和2014年1.8%的实际增速。IMF对新兴市场和发展中经济体2016年的增速预测为4.5%,也高于对其2015年4.0%的预测,不过低于2014年4.6%的实际增速。此外,市场对2016年全球经济增速的综合预测为3.4%,高于2015年3.0%的预测,与2014年3.4%的实际增速持平;对全球CPI的预测为3.2%,高于对其2015年2.9%的预测,低于2014年3.5%的实际增速。

2. 2016年大宗商品价格预计仍将保持低位运行,总体上有利于中国经济增长。由于原油库存充足、全球经济增速放缓以及 2016 年对伊朗的国际制裁结束后其石油出口将增加,预期 2016 年全球原油价格仍将保持低位运行。因此,世界银行 2015 年 10 月发布的大宗商品市场展望(Commodity Markets Outlook)下调了对石油等大宗商品价格的预期。世界银行预测,2015 年能源价格比 2014 年下跌 43%,非能源大宗商品价格下跌 14%,并预计未来五年全球大宗商品价格都将持续下滑。不过,由于近年石油等大宗商品价格波动加剧,加上地缘政治等不稳定因素增多,不排除 2016 年下半年石油价格出现大幅度上涨的可能。这种情况如果发生,给中国经济带来的巨大成本冲击将远远大于提振通胀的边际收益,将会加剧中国企业的经营困难。

3. 在外部经济环境中,2016 年尤其值得关注的是新兴市场经济体的形势变化。新兴经济体是中国贸易的核心支点之一,占总体贸易的比例达 30%,该板块的低迷将严重影响中国出口。

首先,新兴市场经济体的动荡开始成为全球经济发展的软肋。按照联合国贸发会和 IMF 的预测,2015—2016 年将是新兴经济体的增长低点,将比 2014 年的增速下滑 0.5—1 个百分点。这将直接导致 2015—2016 年新兴经济体贸易的恶化。根据现有理论研究,"贸易超调"现象在危机后广泛存在,GDP 增速的回落将引致贸易增速加倍下滑。作为中国贸易的核心支点之一,新兴经济体占中国总体贸易的比例超过 30%,该板块的低迷将严重影响中国出口。

其次,新兴市场经济体脆弱性居高不下,公司债务水平不断提高,流动性风险加大。根据国际货币基金组织(IMF)2015 年 10 月的《世界经济展望》和《全球金融稳定报告》,尽管发达经济体的金融稳定状况有所改善,但新兴市场经济体的脆弱性仍居高不下,风险偏好下滑,市场流动性风险增大。几个主要的新兴市场经济体仍面临显著的国内失衡和增长放缓。

2008 年全球金融危机以来,新兴市场经济体债务水平持续攀升。为应对全球金融危机，很多新兴市场经济体进行了信贷扩张，美国、欧洲和日本等发达经济体持续的低利率也鼓励了新兴市场经济体公司借贷。新兴市场经济体非金融公司的债务水平从2004年的约4万亿美元激增至2014年的超过18万亿美元，占GDP的比重急速上升了26个百分点。分国别来看，金融危机以来，中国、土耳其和智利的公司杠杆率上升幅度最大，均提高了20多个百分点。其次是巴西、印度、秘鲁、泰国和墨西哥等许多亚洲和拉美国家，杠杆率上升幅度也都超过10个百分点。

不仅如此，新兴市场经济体的债务构成也发生了变化，公司债成为新的投资热点和风险点。尽管银行贷款仍是公司债务的主要组成部分，但公司债券所占比例持续上升，2014年已经达到17%，比十年前翻了一番。受"后危机"时期低利率、发达经济体投资者寻求更高的收益以及大宗商品价格等全球性因素影响，尽管新兴市场公司的资产负债表情况更加疲软，但仍能发行收益率更低且期限更长的债券。

借款增加导致新兴经济体私人部门的杠杆率急剧上升，虽然有利于新兴经济体利用杠杆促进投资并因此推动经济更快增长，但也会引起风险，而且受全球性因素的影响，外币敞口也不断加大，增大了新兴经济体对于全球金融条件收紧的敏感性，使得新兴市场经济体在面临利率升高、美元升值和全球风险加剧时更加脆弱。随着本轮信贷周期步入后期，新兴市场经济体银行的资本缓冲更为单薄，而公司盈利和资产质量的恶化会导致不良贷款增加。在大宗商品价格下跌、经济增长放缓这一严峻的背景下，一些新兴市场的主权债券面临着失去投资评级的风险。

2016年，美联储或其他发达经济体意外加息随时可能会给新兴经济体市场带来剧烈波动。一旦美国等发达经济体利率开始上升，负债过高的公司需负担的偿债成本将大幅度增加。发达经济体的利率升高带来的本币贬值也使得新兴市场公司更加难以偿还外币计价的债务。大宗商品价格下降进一步加剧一些新兴市场国家的困难。而随着新兴市场经济体陷入增长低迷和市场动荡的困境，我国外部经济环境的压力也将进一步加大。

（四）经济探底进程中的宏观经济管理政策是否合意，特别要看能否有效改变微观主体的悲观预期，并有效化解"通缩—债务效应"的全面显化；能否大规模启动中国的存量调整，并有效切断内生性紧缩机制；以及能否有效地治理各类衰退式泡沫，并防控局部风险的扩大。

2016年是中国经济探底过程全面展开的一年，可能会在就业等多个维度突破社会承受底线或带来巨大阵痛；同时，2016年也是"十三五规划"进行战略部署的开局之年，宏观经济治理政策是否合意不仅决定2016年宏观经济筑底回升的成败，也决定了中国经济的中长期走势。须重点关注以下三个方面的政策成效。

1. 宏观经济的底部管理

2016年将是中国经济探底过程全面展开的一年，它不仅将延续中国新常态攻坚期的基本逻辑，使各类宏观经济指标继续呈现下滑探底趋势，而且内生性紧缩和外部需求疲软将全面扩展，企业行为很可能发生重大变异。2016年中国劳动力市场的很多隐患因素将开始暴露而突破社会承受底线。首先，源于上游房地产业的去库存压力，短期内建筑业的就业扩张动能被遏制。其次，工业部门仍在承受转型的阵痛，仍在大量地排斥劳动力，至少会排斥400万—500万人。工业和建筑业这两个过去吸纳劳动力的主要引擎出现严重的动力不足问题。服务业也出现了就业扩张动能衰减的迹象，特别是就业比重最大的消费型服务业就业扩张力度大幅度收窄。另外，在不少企业特别是国企中，变相降薪、减少工时等隐蔽性失业将逐步显化。基于GDP绝对量的方法测算的2016年保就业的增速底线表明，为了保证1000万的新增城镇就业岗位，中国2016年尚需维持6.7%以上的经济增速。这说明，即便允许经济运行在7%之下，可容忍的下探空间也已经不大了。因此，2016年宏观经济的底部管理就变得非常重要。

宏观经济底部管理的成败关键在于内生性紧缩机制的切断。这主要取决于货币政策和财政政策能否从"稳健"转向"适度宽松",稳定市场预期,打破"债务—通缩"的恶性循环,扭转内生性回落的悲观情绪。政策实施的效果取决于以下三个关键点。

第一,宽松宏观调控政策能否打破以往传统的"小步微调"的调控节奏,以全面扭转市场预期。过去两年中国宏观调控政策之所以在持续性"微调"中总是没有达到"预调"目标,核心原因就在于市场主体对于"小步微调"并不认可,"微调"并没有改变其预期模式,更没有达到稳定信心和发挥"锚定效应"的功能。

第二,货币和财政政策能否抓住目前短暂的窗口期,将宽松的力度达到一定的水平,打破"生产领域通缩—高债务"的恶性循环,避免进入资产负债表衰退,而不是采取事后追加的模式而失去了引导预期的作用。一旦中国步入资产负债表衰退阶段,中国宏观调控政策的效率也将随着中国经济而出现断崖式下滑,从而带来巨额的调整成本。日本等国家的案例已经充分表明,传统"微调"模式可能贻误调控的契机,中国要避免进入资产负债表衰退,不仅要进行宏观调控政策方向的全面转型,同时还必须使一次性宽松冲击达到一定的高度。

第三,能否对宽松货币信贷政策辅之以"强金融监管"和"市场秩序建设",以免进一步诱发资金"脱实向虚",导致实体经济与虚拟经济的背离,引发"衰退性泡沫"的出现。金融市场缺陷的弥补和恢复金融市场配置资源的能力是适度宽松货币政策实施的一个很重要的前提,也是实施各种宏观"大腾挪"战略的重要前提。

2. 衰退式泡沫的防范与治理

伴随资金"脱实向虚"流动的加剧,各种类型的"衰退式泡沫"接连发生,金融风险在传递中不断积累,不断放大,不断成为宏观经济异变的触发点。根据前文分析,2016年需要重点防范与化解的衰退性泡沫包括债券市场泡沫、一线城市房地产市场泡沫、战略性新兴产业泡沫、国际资本市场波动等。如果治理方式方法不当，不仅不能很好地防范与化解这些衰退性泡沫，反而可能会加速泡沫的形成和爆发，加剧中国经济全局的脆弱性，使宏观经济形势进一步恶化。特别是能否加强"金融监管"和"市场秩序建设"，避免资金进一步"脱实向虚"，引发"衰退式泡沫"。

3. 启动存量调整

当前中国经济面临产能过剩、房地产库存、债务高企等严重的存量问题，实际上已经对中国经济的中长期发展前景构成了威胁。存量调整是增量调整的基础。尽管通过增量改革所形成的新的增长点，在一定程度上能够对冲存量问题所造成的经济下行压力，然而不解决存量问题，中国的改革不可能成功。例如，在高债务环境中，不仅需要保持适度宽松的货币和财政政策，同时还要让大量的"僵尸企业"进行市场出清、对高债务企业进行债务重组，对银行以及相关企业的资产负债表进行实质性的重构。在当前的情况下，一些大型国有企业，尤其是钢铁、煤炭、有色金属等四大巨额亏损的行业企业，以及地方政府出于维稳压力而给予特殊保护的"僵尸企业"，占用了新增社会融资中的大部分信贷资源，同时还拖欠中小企业大量的货款，实际上已经成为全社会的"吸金黑洞"，加剧了其他更有效益的企业的经营困难。在这种情况下，宽松的货币政策不仅难以有效缓解企业的融资问题，反而可能会引发资金"脱实向虚"的流动和资产泡沫问题。此外，在大力培育战略性新兴产业的同时，也需要着力解决传统制造业的经营困局，实现"软着陆"和转型升级。因此，对于中国目前的经济环境而言，在存量调整基础上的"积极财政政策＋适度宽松货币政策＋强监管"是我们走出困局的核心法宝。能否有效解决这些存量问题是决定中国宏观经济能否真正企稳回升的关键性因素。

第四章

主要结论与政策建议

一 回顾与展望

通过上述分析我们可以看到，2015年是中国经济步入新常态的艰难期的第一年，前三季度名义GDP增速大幅度下滑和GDP平减指数持续为负意味着中国宏观经济已经滑向萧条的边缘，有效需求不足开始替代趋势性下滑力量成为宏观经济的主要矛盾。随着第二季度中国"稳增长"政策的全面加码，中国宏观经济在外贸回升、房地产投资触底以及消费小幅度回暖的作用下于第三、第四季度局部触底回升。但是，由于"通缩—债务效应"不断发酵，宏观经济内生性收缩力量不断强化，去杠杆和去库存不断持续，基层财政困难的显化，部分行业和企业盈亏点逆转，"微刺激"效果递减等因素，"稳增长"政策难以从根本上改变本轮"不对称W形"周期调整的路径。并且由于年中股市崩盘的持续影响，本轮周期出现稳固底部的时间可能比预想的推迟一到两个季度。从周期角度来看，2015年不是本轮"不对称W形"周期的第二个底部，世界经济周期和中国房地产周期、债务周期、库存周期、新产业培育周期以及政治经济周期决定了2016年后期才能出现坚实的触底反弹。2016年是中国经济新常态持续筑底的一年，很多指标将在持续下滑中逐步止跌。

与其他年份不同的是，2015年在总体疲软的环境中各种结构指标出现深度调整，转型成功省市的繁荣与转型停滞省市的低迷，生产领域的萧条与股市、债市和房市的泡沫交替，传统制造业的困顿与新型产业的崛起同时并存。这不仅标志着中国经济结构深度调整的关键期、风险全面释放的窗口期以及经济增速筑底的关键期已经到来，同时也意味着中国经济在疲软中开始孕育新的生机，在艰难期之中曙光已现，在不断探底的进程中开始铸造下一轮中高速增长的基础。经过2015—2016年全面培育新的增长源和新的动力机制，中国宏观经济将在2017年后期出现稳定的反弹，逐步进入中高速的稳态增长轨道之中。在此过程中，中国宏观经济政策必须关注以下几个方面的要点。

二 宏观经济政策再定位

（一）要高度重视世界经济在大停滞和大分化进程中对中国经济的冲击，通过深入研究本轮世界危机爆发的本质以及传递的规律，把握中国经济调整的性质和可能的方式。世界经济不平衡的逆转和基本参数的变化决定了"取长补短"式的供给侧增量调整与存量调整是本轮危机治理中的基本政策定位，需求侧管理具有辅助性，其核心在于防止转型过猛带来的总量性过度下滑和系统性风险的爆发。

世界经济不平衡发展的终结和贸易不平衡的逆转决定了中国经济大转型的核心是在贸易品大幅度存量收缩的基础上全面提升非贸易品的供给，这种转型的原始驱动力量一方面表现为非贸易品需求的提升和贸易品需求的下滑，表现为贸易品与非贸易品相对价格的持续调整，另一方面也表现为建立在不平衡基础上的各类泡沫与扭曲的全面暴露，并出现此起彼伏的风险。因此，中国采取促推相对价格调整的各种改革政策和调整策略是合理的，而简单采用宏观经济政策来弥补贸易品需求的缺口和压制非贸易品需求的释放不仅不能顺应全球不平衡调整的浪潮，反而可能导致贸易品生产企业在加杠杆进程中促进转型的风险叠加。"取长补短"的供给侧存量调整和增量调整是世界结构性改革的核心，而需求政策的核心在于防止外生性调整过猛带来内生性崩溃，在于防止在不平衡逆转中风险过度释放引发系统性风险，具有一定的辅助性。

供给侧的结构调整政策在存量调整上表现为贸易品行业必须进行深度的去库存和去产能，在增量调整方面体现为供给短缺的非贸易品部门要进行大幅度的增加投资和供给，表现为各类服务供给的提升和战略性新兴产业的培育。在这个调整中，特别是在存量退出的进程中将产生大量的外溢效应，引发总量性的需求不足和结构性的萧条。这些现象的出现就需要全面启动需求侧管理。

（二）近期出现的"衰退式顺差"说明全面启动供给侧管理和改革的同时，还需要重新定位需求侧管理政策，更加积极的需求管理政策具有必要性。

2015年出现了在进出口增速大幅度回落进程中贸易顺差大幅度反弹的现象——"衰退式顺差"。这种现象出现并不能反映外部需求的提升和世界不平衡逆转的结束，相反它标志着一个新阶段的开始，即"双萧条"的到来，外需持续下滑所带来的结构性冲击和总量冲击已经全面显化，过去4年利用信贷扩张而实施的内需补充外需战略不仅没有带领经济走出困局，反而在"信贷—投资驱动模式"代替"出口—投资驱动模式"过程中使中国结构性扭曲加剧，内需出现加速性回落，导致进口需求远远大于出口需求下滑的幅度，世界经济危机所带来的传递效应开始在中国出现叠加。

从国民收入恒等式$(S-I)+(T-G)=(X-M)$可以看到，"双萧条"一方面在内部体现为私人投资需求的不足，另一方面在外部体现为衰退式的贸易顺差。解决这种困局的方法有几种：一是消费的提升，并从根本上降低储蓄率，但这需要一个中期定位。二是结构性的投资提升政策。在扩大非贸易品的投资的同时，抑制传统出口导向行业和相应的产能过剩行业的投资。这种方法受到几个约束：1. 如何进行有区别的结构性投资；2. 在投资预期收益大幅度下降的时候，削减投资成本的政策依然十分重要。三是财政政策是改变"衰退式顺差"的一个短期关键——启动全面的减税政策和扩大支出政策，大幅度提升财政赤字的规模。但积极的财政政策的结构性维度十分重要。例如是选择投资偏向性财政政策还是消费促进性财政政策，是福利促进型财政政策还是一次性转移支付型财政政策？是信用替代与安全性资产供给性财政政策还是简单的补贴性财政政策？

（三）要从战略层面认识到调动各级精英阶层的积极性是当前以及未来经济成功转型升级的核心。要认识到过度下滑甚至出现持续的萧条已经成为中国最大的政治社会风险，因此在反腐倡廉取得重大战略性胜利之后，应当在稳增长的基础上，积极构建新一轮大改革、大调整的激励相容的新动力机制。

1. 在纪律检查和法治完善"堵歪门"的基础上，构建新型正向激励体系"开正门"，要构建新常态阶段所需要的新型政绩考核体系和官员的收入奖励体系，以形成新一轮改革开放的新格局。（1）要通过"新老划断""阶段总结""分类处理"等举措适度安抚政府官员和精英阶层，新时期需要忠于党的各级精英阶层放下历史包袱，轻装投入新阶段的改革转型的大潮流之中。（2）在清除灰色收入和杜绝各种腐败收入的基础上，必须构建新型的阳光收入形成机制，使政治精英有一个体面的收入。（3）要建立适应新常态的、以正向激励为主的官员政绩考核体系，防止我们在破除唯GDP论的同时出现考核虚化和泛化的现象，GDP指标依然是官员和政府考核的核心，在中国迈向中高速的新发展阶段，可以将GDP指标体系适度扩展：一是强化周期性的考核，二是强化绿色和民生等维度的考核，三是强调新常态的过渡阶段改革与转型的维度的考核；但不能在过度泛化中使各级政府迷失方向，因此这些指标需要明确化。（4）大胆树立起一批有改革能力和改革勇气的新型官员榜样，通过大规模扩大各级改革主体负面清单的方法来区分改革创新中的破除陈规与违法乱纪之间在程序上和结构上的本质差别，让新一轮的改革者在明确底线的基础上没有太多顾忌地进行创新。（5）快速梳理各类财经制度，特别是对于财政支出体系的改革，适度放松专项资金的管理模式，鼓励地方政府在支出方式上的创新，利用财政支出效率评估代替那些已经不能适应新形势的规则评估。不能适应新财经时代的财经规则不仅不能起到反腐倡廉和约束的作用，反而可能成为"旁门"和"歪门"层出不穷的根源。及时更正包括各类会议、差旅以及加班等在内的过失的财务标准是"堵歪门""开正门"的关键。

2. 树立新型的政企关系和政商关系不仅要有中长期的规划，同时也要有短期规划。（1）从短期来看，应当采取措施消除企业家的"原罪负担"，要充分承认企业家收入和私人产权的合法性；（2）要大力清理地方政府和大型国有企业对各级企业的拖欠债务，从而厘清中国经济运行的"毛细血管"；（3）要全面落实国有企业的改革举措，为各类中小型企业释放适度的空间；（4）建立更加阳光的政商关系，进一步防止政治权力与大型资本之间的勾结。

3. 要全面重塑科技人员的创新热情，强化党对知识分子的凝聚力，别具一格开辟知识分子参与改革和国家治理的新途径。（1）要大力改革科研人员的收入薪酬体系，全面承认知识分子创新劳动取得高收入的合理性和合法性，不能用常规标准来过度约束富有创新成就的科研人员，真正建立起适应创新型社会的薪酬体系。（2）大力改革目前落后的科研项目报销体系，大力提高调研费用、劳务费用以及人力劳动支出的比重，要建立起大家乐于做科研、勤于出创新的激励体系，防止用僵化的财务规则限制创新的活动。财务报销体系"开正门"是改变目前科研人员消极怠工的关键。(3) 大胆起用没有历史包袱、没有"原罪包袱"和政治利益约束的知识分子进入新一轮改革和国家治理现代化的进程之中，利用新型高端智库的建设构建中国特色的"旋转门"，使大量具有资政能力的知识分子和大量具有行政经验的官员以智库为枢纽，形成民间与官方之间精英的流动机制，以形成专家治理的新型局面，全面激发知识分子的积极性。任何一次大改革要获得成功、要形成新气象，激发知识分子的积极性和参与都是十分重要的。

4. 2016年应当借助经济探底的契机，重新审视和评估现有的改革，在大破大立之中寻找到大改革的突破口，并根据该突破口来重新梳理改革方案，寻找改革的可行路径。在现有的顶层设计和发展理念的基础上，我们应当重视以下几大问题：(1) 不同区域的过度的差别性与顶层设计的统一规划之间存在冲突，因此必须发挥不同区域的基层改革的积极性和创新性；(2) 不同部门各自为政带来改革碎片化与分步改革之间的冲突，因此很多部门的权力需要整合；(3) 官僚体系、精英阶层作为被改革者和改革的实施者具有二律背反的特性，因此改革的统分结合十分重要。

（四）高度重视2016年面临的两大类风险和四大核心领域。一方面要利用供给侧调整政策和需求管理政策阻断内生性下滑的各种强化机制，防止微观主体行为出现整体性变异；另一方面在强化监管的基础上关注可能出现的各种"衰退式泡沫"。

1. 高度重视生产领域的通货紧缩与高债务叠加产生的内生性紧缩效应。一方面要采取积极财政政策和适度宽松的货币政策对冲价格过度回落带来的冲击，另一方面还必须通过债务重组、债务置换、融资结构转换、降低利息、减税和降低各类行政管理成本等措施，多途径解决企业高债务的问题。

2. 通过清除"僵尸企业"、重组高债务企业、加速产能过剩行业的产能退出，厘清经济运行的微观机制，恢复市场自我出清的功能，并创造适度的盈利空间。

3. 债务置换、资产证券化、利用股市实施的宏观债转股以及利率水平的较大幅度下调应当同时并举。

4. 高度重视中国宏观经济与金融背离的问题。一方面要从战略上认识到利用股市和债市繁荣来启动经济和推动资本市场改革的必要性，但另一方面还必须认识到市场泡沫给中国宏观经济带来的风险。一是宏观审慎政策必须在几大时点上重点监测资产价格的变化，例如美国加息日、房地产投资反弹点和注册制的实施等；二是要利用改革和上市公司的改造来缓释目前的泡沫，使"资金牛"和"政策牛"向真正的"改革牛"转变；三是要协调好企业减持、增发、IPO之间的关系。

5. 进一步通过差别化政策推进新兴产业的发展，进一步从体制机制上促进创业、创新活动，但应当汲取以往我们在新兴产业、创新活动中失败的教训，不能把中国战略转化成各级部门短期的行政运动，更不能通过国家补贴等模式形成新的寻租活动。第一，要尊重创新创业的规律，不能运动式地进行政府扶持；第二，要利用资本市场的力量来甄别创新中的风险，避免一次性的行政性补贴；第三，要建立各种创业创新的社会安全网，为创新创业的失败者打造软着陆的"缓冲垫"，以避免运动式创新创业之后可能出现的倒闭潮对经济社会的过度冲击。

（五）在进一步扩大财政赤字的基础上，强化积极财政政策定向宽松。

1. 进一步提高财政赤字率，利用国债发行规模的提高来增加政府支出能力，突破2016年GDP增速下滑和土地市场疲软所带来的政府性收入下滑的困境，建议财政赤字率可以达到3%左右，总量达到2万亿左右。考虑到地方债市场容量的狭小和制度的不完全，建议提高财政赤字水平，其核心渠道是提高中央的财政赤字率，地方债的置换规模应当进一步扩大。其核心是要通过国债供给加大突破现有金融市场面临的"安全性资产短缺困境"。

2. 关注局部区域财政收入崩塌的问题，特别是基层财政收入突变带来的各种民生问题,建议扩大财政平准基金的规模,设立过渡期基层财政救助体系。

3. 考虑将结构性减税过渡为总量性减税,特别是对于那些供给不足、创新活力很强、升级压力较大的行业进行全面减税。同时,适度弱化财政收入的目标,防止地方政府通过加大税收征收力度和非税收等方式,变相增加企业的负担。

4. 快速启动过渡期的财政支出新措施,改变目前财政支出难的问题,要在"堵歪门"的同时,快速出台适应新时代"开正门"的各项措施。

5. 财政支出应当从投资导向向民生导向转变,从补贴导向向福利导向转变,利用积极的财政政策加速低度广泛的大福利体系的构建,利用定向宽松的财政政策加大养老产业、健康产业以及中高端服务业的发展,释放相应的需求。

(六)货币政策应当根据新时期的要求全面重构,其哲学理念、理论基础、政策框架和工具都难以适应中国新常态艰难期的要求。

1. 在内生性回落加速和外部需求疲软全面扩展之时,货币政策必须旗帜鲜明地从明确"稳健定位"转向"适度宽松",以稳定市场预期,打破"债务—通缩"的恶性循环,扭转目前内生性回落的悲观情绪。同时,在哲学层面要有"非常之时需要非常之举"的理念,积极地前瞻性地研究各类非常规货币政策的试点和实施策略。因此,货币政策的目标必须从传统的 CPI 和就业转向以下几个方面:(1)名义 GDP 增速、就业质量和 GDP 平减指数;(2)流动性稳定和资产价格的异动;(3)汇率预期以及套利性资本流动。同时,由于包括 M2 在内的传统货币政策中间目标在结构调整和体系变异的过程中存在巨大的漏损,简单地关注 M2、社会融资总量、小微企业融资条件以及加权贷款利率等指标不足以保证经济体系的平稳。因此,全面启动各类宏观审慎监管的目标十分必要。

2. 宽松货币政策要全面扭转市场预期就必须打破以往传统的"小步微调"的调控节奏，要充分认识到过去两年中国货币政策在持续性"微调"中总是没有达到"预调"目标的核心原因就在于市场主体对于"小步微调"并不认可，"微调"并没有改变其预期模式，更没有起到稳定信心和发挥"锚定效应"的作用。

3. 打破生产领域"通缩—高债务"恶性循环，避免进入资产负债表衰退，货币政策必须抓住目前的短暂的窗口期，使宽松的力度达到一定水平，而不能采取事后追加的模式，失去引导预期的作用。一旦中国步入资产负债表衰退阶段，中国货币政策的效率也将随着中国经济出现断崖式下滑，从而带来巨额的调整成本。日本等国家的案例已经充分表明传统"微调"模式可能贻误调控的契机，中国要避免进入资产负债表衰退，不仅要进行货币政策方向的全面转型，同时还必须使一次性宽松冲击达到一定的高度。

4. 在控制债务过度上涨中，货币政策的工具选择十分重要，价格型工具对于高债务企业的调整更为有利，简单的数量宽松依然需要控制。因此，目前宽松货币政策的定位应当在数量型工具盯住流动性的基础上，以价格工具为主导。

5. 长端利率的刚性和持续较高并不意味着短端利率调整是无效的，企业贷款意愿的下滑也并不等于宽松货币政策是不必要的。相反，即使在长端利率刚性、金融资源对于实体经济渗透力下滑的环境中，宽松的货币政策也具有必要性，宽松货币政策依然是引导预期、防止过度收缩、配合积极财政政策的必要工具。

6. "宽货币"以及金融领域的泡沫很可能进一步诱发资金"脱实向虚"，导致实体经济与虚拟经济的背离，导致"衰退性泡沫"的出现。因此，宽松货币政策必须辅之以"强金融监管"和"市场秩序建设"。金融市场缺陷的弥补和恢复金融市场配置资源的能力是适度宽松货币政策实施的一个重要前提，也是实施各种

"宏观大腾挪"战略的重要前提。

7. 在高债务环境中，不仅要保持适度宽松货币政策，同时还要对大量的"僵尸企业"进行出清，对高债务企业进行债务重组；更重要的是，对银行以及相关企业的资产负债表进行实质性的重构。存量调整是增量调整的基础，特别是对于中国目前的环境而言，存量调整基础上的"积极财政政策+适度宽松货币政策+强监管"依然是我们走出困局的核心法宝。

8. 人民币汇率波动以及中国资本的外逃可能是继股灾之后诱发中国风险的关键点。因此，货币政策必须在稳定人民币汇率预期上着力，"适度宽松的货币政策+汇率稳定+强外部宏观审慎监管"依然是应对未来两三个季度波动风险的核心。

9. 货币政策、宏观审慎监管、金融微观监管以及其他金融目标的一体化显得更为重要，货币金融当局的实体化、一体化、独立化和权力化也是作出科学货币政策的前提。中国目前的金融权力体系难以胜任目前货币与金融政策的管理，建议将"一行三会"进行合并。

10. 对非常规货币政策甚至中国版QE需要进行系统研究，中国未来的政策篮子并不拒绝采取非常规宏观经济政策。

11. 窗口期的把握需要"适度宽松的货币政策+强监管"的政策组合，需要货币政策积极配合定向宽松的财政政策的实施，坚持"财政挖渠，货币放水"的原则。

（七）金融改革应当持续推进，特别是针对中国宏观"去杠杆"的资本市场改革、资产证券化和国有企业改革等组合性措施应当快速推进。

1. 不宜过度关注股票市场指数过快增长、局部监管存在漏洞等问题，应当在促推资本市场繁荣的基础上快速加大注册制改革，快速推进IPO，以切实做到通过债权性融资向股权性融资的转化来降低中国宏观经济的整体杠杆倍数和系统性风险。

2. 面向非金融性机构的资产证券化应当加速。

3. 在影子银行监管力度强化的同时，债券市场的并轨和债务融资规模的加大可以并行，特别是国债市场的扩容和企业债券并轨十分重要。

（八）调整目前的房地产调控政策，改变简单宽松的政策导向，针对不同区域和不同类型的房地产企业进行分类治理，防范市场分化进一步推进。一方面防止部分区域房地产价格过快上涨形成新一轮泡沫，另一方面防止库存过高的三、四线城市出现局部房地产崩溃的问题。

1. 对于一、二线城市实行供给导向政策，在增加土地供应和信贷支持等方面着力，加快房地产销售向投资的转化，避免全国房地产投资下调过于剧烈而陷入紧缩链条。同时，合理引导预期和控制一线城市房价，防止过度上涨形成新的泡沫。一线城市楼市泡沫将会加速资金脱离实体经济，弱化市场复苏对宏观经济的提振作用，同时房价偏高也是制约房地产需求的重要因素。

2. 对于三、四线城市实行需求导向政策，鼓励房地产销售，增强复苏的韧度。尽快消化巨量库存是房地产商快速回笼资金、有效降低财务费用与化解金融风险的重要抓手，同时也是房地产市场"腾笼换鸟"、保障未来投资重回可持续增长轨道的必要前提。政策举措应该着力于刺激房地产市场需求，鼓励房地产商扩大销售。同时，适当强化对于三、四线城市房地产市场的扶持。可以考虑出台一些超常规的政策。例如加大对县级政府的财政支持，甚至可建立专项基金，鼓励地方政府收购商品房用于保障性用房。

3. 高度关注房地产企业的债务风险，特别是中小型房地产企业的流动性风险，适度加强对房地产市场的信贷扶持，提供必要的流动性，确保房地产业有序兼并重组。

4. 在监控分化指标的基础上，协调相应的城镇化改革的步伐，特别是重点人口流入地和流出地改革的速度，使得三、四线城市城镇人口增长能够逐渐消化吸收一部分库存。

（九）随着宏观经济调整探底过程和展开，经济下行压力还可能会进一步加大，必须高度关注就业形势演变，防范和化解劳动力市场风险。

1. 实施积极的宏观调控政策，防范部分行业和地区经济形势过度恶化，保持劳动力市场总体稳定。劳动力市场承受压力目前已经逼近临界点，经济增速进一步下滑将会导致就业压力加剧，突破社会承受底线，造成劳动力转移进程停滞和真实失业率攀升。

2. 进一步开放服务业，鼓励市场进入和竞争，促进服务业可持续发展。近几年的服务业就业高速增长已经充分释放了过去十多年由于不够开放而被抑制的空间，下一步必须尽快开放医疗、健康、教育等领域服务业的市场准入，从而创造更多的就业机会，也有利于提高经济效益和居民收入。在具体实施过程中，可以通过降低行政准入门槛同时提高行业技术管理标准，达到促进市场竞争和加强监管的效果。

3. 重视传统制造业发展的连续性及其与服务业扩张的协调关系，把握好转型升级和退出的节奏。随着我国劳动力成本的上升，传统制造业转型升级是大势所趋，应不断加大对技术改造投资的支持力度。但是由于传统制造业多属于劳动密集型产业，在经济调整期往往发挥着就业稳定器的作用，因而对传统制造业的改造需要保持其发展的连续性，不能超越特定的发展阶段，更不能简单地遗弃。同时，也要注意协调好制造业发展与服务业扩张的关系。服务业就业与制造业具有很强的互补性，随着大量工业企业关停或倒闭，与之配套的服务业也会逐渐萎缩。因此，制造业的持续紧缩势必带来服务业扩张难以为继的问题。

4. 针对农业劳动力转移急剧放缓的局面，应出台专项计划加大对劳动力市场流动的支持力度，五项并举促进农业劳动力转移：一是建立农民工就业市场板块，提高其在城市中找到合适就业岗位的机会，促进劳动力市场的灵活性。二是加强对农民工的培训，提升劳动力的质量和在城市工作的技能。三是加强养老金转移接续改革和宣传实施，促进劳动力跨境流动。四是提高农民工在城市就业的社会福利，例如解决随迁子女教育等问题，提高劳动力转移的积极性。五是加快户籍和农地改革，消除劳动力流动的障碍，加快城市化进程。这些举措不仅有助于促进农业劳动力转移，同时也有助于加强社会保障体系和缩小城乡收入差距。

刘元春，中国人民大学经济学博士，现任中国人民大学国家发展与战略研究院执行院长、科研处处长、经济研究所常务副所长、博士生导师，教育部长江学者特聘教授，世界经济学会理事，教育部留学回国人员科研启动基金评审专家，国家社会科学基金评审专家。主持国家社会科学基金重大项目、一般项目等多项课题。在《中国社会科学》《经济研究》等国内一流刊物上发表论文多篇，并在中国宏观经济分析与预测领域产生了广泛影响。

闫衍，中国人民大学经济学博士，现任中诚信国际信用评级有限责任公司董事长，中国诚信信用管理有限公司副总裁。曾任中诚信财务顾问有限公司常务副总裁、中国诚信信用管理有限公司执行副总裁、中诚信证券评估有限公司副董事长等职务。

刘晓光，北京大学经济学博士，现为中国人民大学国家发展与战略研究院讲师，曾在国际货币基金组织（IMF）驻华代表处任经济学家。研究方向为宏观经济学，在《中国社会科学》《经济研究》《世界经济》《管理世界》《经济学（季刊）》、*China & World Economy*（SSCI）等国内外期刊发表论文多篇。曾获北京大学优秀博士学位论文奖（理论经济学分会唯一）、《经济学（季刊）》最佳论文提名奖。